U0857277

歌者传记 BUDDY GUY

布鲁斯往事

巴迪·盖伊自传

WHEN I LEFT HOME：MY STORY

巴迪·盖伊（Buddy Guy） 大卫·瑞兹（David Ritz） 著

陈 震 译

中国人民大学出版社

·北京·

谨以此书纪念马迪·沃特斯，我们所有人的父亲

序　言

天蒙蒙亮我就起了床。我一辈子都这么早起。种植园长大的孩子都这样。你要跟我一样是个乡下孩子，甭管在哪儿，早晨还是会听到公鸡喔喔叫。

我家位于芝加哥远郊，占地 14 英亩。朝后院望去，满眼都是树。我喜欢树，喜欢看着树叶在秋天变黄，树枝在冬天结霜，嫩芽在春天绽放，新叶在夏天盎然。四季的节律把我和大地连接了起来。

我第一个想到的是豆子。正考虑去买些呢。看到新鲜的荚豆，我会跳过柜台去买。超市里的人们会认出我："巴迪，你来这儿干嘛?"我会说："嘿，老弟，我跟你们一样，也得吃东西，也得买新鲜的豆子。"

天气暖和时我想吃甜瓜，但我不会买你的无籽甜瓜，就像我不会买你的黄白双色玉米。我不买被虐待过的食物。回家的路上，我会停下来看看路边摊在卖些什么。如果看到他们卖的玉米上爬着一只小虫子，我会买些带回去，因为这说明它们没有经受过农药的洗礼。小虫子很容易清理，可农药怎么清理呢？

接下来我会待在厨房里，也许用新鲜的小龙虾做道秋葵汤。小时候，小龙虾的尾巴是鱼饵，现在则成了一道美味。米饭、调料、蔬菜、豆子……锅里沸腾了，整个家里都弥漫着香味。我高兴极了。我想到了舅舅，他在密西西比河钓到鲶鱼后会带回家给我妈妈。它们干净又新鲜，皮都不用去。妈妈用开水一烫就开始煎了。煎鱼的嘶嘶声仿佛还在耳边。从酥脆的鱼皮一口咬下去，品尝鲜嫩的鱼肉时，我是个多么快乐的小男孩啊。

我在寻找那样的食物。今天在找，明天在找，这辈子都会找下去。

我的生活很简单。不用上路巡演的时候，我会把白天的时间花在买菜和烹饪上。有时孩子们过来一起吃，有时就我自个儿吃。午后两点，我通常美美地睡上一觉。晚餐过后，我坐进我的SUV，朝我的布鲁斯俱乐部进发。要是汽油不够了，我就多费些时间把车开到隔壁的印第安纳州加油，那儿的油价比芝加哥便宜两分钱。离开种植园初闯世界时，我在巴吞鲁日的一个加油站工作过。那时汽油均价是一块钱，如今把油箱加满得花掉我 120 块。我不是在抱怨，我只是想说我看到了一些变迁。

七点半左右，我驶进了芝加哥市区。我的布鲁斯俱乐部“巴迪·盖伊的传奇”（Buddy Guy's Legends）位于南沃巴什街和巴尔博街拐角，正对着卢普区（The Loop）的希尔顿酒店。“巴迪·盖伊的传奇”能容纳 500 名观众，它所在的这栋楼也是我的。

我走进去找个高凳坐下，跟店员们打了个招呼。这家俱乐部由我的两个女儿经营，她俩正在楼上对账。偶尔会有顾客认出我来，但多数人浑然不觉。我喜欢这种感觉。今晚我不需要成为人们关注的焦点——我不是来演奏的，只是来放松一下。晚上有处地儿可去真好。我也很高兴芝加哥还有一家能听布鲁斯现场的俱乐部。每晚都有布鲁斯现场。这多温暖一个老人的心窝呀！

布鲁斯很有意思。我悲伤时会弹起布鲁斯，弹着弹着，悲伤就被弹跑了。用心聆听布鲁斯也能把悲伤听跑。布鲁斯能把悲伤赶跑。它是如此强烈，能让你忘记一切，包括你的悲伤。

我刚才一直在想，布鲁斯是怎么改变了你们，又是怎么改变了我的。我回想着自己打小追随布鲁斯的脚步，从偏远的种植园一路来到危险的“钢筋丛林”芝加哥。布鲁斯拿走我的生命，把它搅了个天翻地覆。那些走过的路，做过的事，回想起来，简直疯狂。布鲁斯令我狂野，唤醒了我骨子里的另一面。

现在，我，一个 75 岁的老人，坐在一家布鲁斯俱乐部的高凳上，试图厘清我是怎么走到这儿来的。无论你从哪个角度看，这都是个棒极了的故事。

目　录

CONTENTS

离家之前

面粉袋

你在浏览一本画册，或是在博物馆看 20 世纪 40 年代的美国南方老照片。一张一家人采摘棉花的照片吸引住了你的目光。父亲的大麻袋里装满了棉花，一个九岁的男孩背着个面粉袋——他只能应付这个袋子，毕竟，这是他头一天下地摘棉花。

那个小男孩可能是我。我从那么大开始摘棉花。我站在爸爸身旁，他教我怎么摘。

你可能会同情那个小男孩，觉得他被虐待了。你会觉得他那么小，不该干这种活计。你会认定他降生在的佃农世界残酷不公。你错了。我很高兴能跟爸爸一起干大人的活儿。我想快快长大，尽可能地帮到家里。那时，除了蓝天、土地、四季、水果、猪、马、牛、鱼、山核桃、小鸟、苔藓，以及祈祷棉花有个好收成，让我们有钱过冬外，我什么都不知道。

我透过爸妈的眼睛看世界。他们的眼睛盯着土地。土地必须有收成，有收成才有饭吃。我住在路易斯安那州一个叫做莱茨沃斯（Lettsworth）的小地方，十二岁之前，因为没有通电，我们过着与世隔绝的农耕生活，跟一百年前没什么两样。自从我们的先人像牲口一样被驱赶上奴隶船，贩运到美国南方，我们的祖祖辈辈就一直在棉花田里滴汗苦作。有次我去塞内加尔演出，有人带我参观了“不归之点”（The Point of No Return），那是可怕的黑奴贩运之旅的起点之一，没准儿就是布鲁斯开始的地方。

我全名叫乔治·巴迪·盖伊（George Buddy Guy），出生于1936年7月30日，是山姆·盖伊（Sam Guy）和伊莎贝尔·盖伊（Isabell Guy）的儿子。我在真葡萄树浸礼会（True Vine Baptist Church）上的小学。对九岁的我来说，黑人没有历史。我在课堂上学习使用餐具，阅读以白人小孩为主人公的儿童书《迪克和简》（*Dick and Jane*）。课本里没有黑人，黑人不是历史的一部分。我们只知道现在，我们只知道今天。今天意味着剥玉米、喂猪，以及干完家务活后摸着黑去上学。

蛇、闪电和据说经常出没于墓地的鬼魂让我感到害怕，但我拥有一样能压过它们的东西——家的温暖。那时候，家的感觉比现在要强烈。我正直的双亲让我觉得不管怎样一切都好，我的两个姐姐（安妮·梅、范妮）和两个弟弟（菲尔、山姆）让我充满了安全感。

我们住木棚屋，屋里没有水管。酷热难耐的时候，我们就躺到屋边的泥土上避暑。两个房间，一个柴炉。没有自来水。到了每周的洗澡时间，我们得先把水抽到浴盆里。我们也用浴盆泡摘下的山核桃，让它们增点重多卖两个钱。

我小时候没见过玻璃窗，我们的窗户是木头做的。夏天让人提心吊胆。路易斯安那的鬼天气疯狂不已，什么样的暴风雨都会突然来袭。我曾眼睁睁地看着一股飓风将门廊刮了二十英尺远——爸爸和范妮还在上面站着呐！闪电划破天空的时候，我会奔向妈妈的怀抱。妈妈把我搂在怀里，轻声说："别说话，孩子，上帝在干他的活儿呢。"

我们的活计从未消停，收成的一半归我们。八岁那年，我们从一个小农场搬到了一个大种植园。那里土地广袤，牛马成群，棉花田和玉米地一望无垠。多的时候我每天能摘 70 磅棉花（弟弟山姆有时能摘 200 磅呢）。我学会了套牛和骑马——我有一匹属于自己的小马驹。我光着脚跑来跑去，还学会了打猎枪。如果我和我的狗狗从树林里斩获一只兔或一只鸟，我会得到爸爸的赞扬和妈妈的拥抱。当晚我兴许能多吃上一道菜。

我们一周干六天活。周六晚上没有派对。周日去真葡萄树浸礼会教堂。教堂是欢乐的，因为里面的音乐很欢乐。教堂里的人教导我说，光用歌声和铃鼓赞美上帝还不够，要用你的整个身体。欢呼雀跃地赞美上帝不丢人。耶稣太好了，那种纯洁的爱美妙极了，我们的身心都属于他。

我相信是上帝帮助我们度过时艰。我们的田地得不到灌溉，我们也没有今天的农业科技。坏天气持续久了会招致灾难。我们有过很多难捱的时候。有次久旱不雨，大片的棉花枯萎死去，爸爸当时的神情还历历在目。我们没别的活儿可干，土地就是我们的一切。五个孩子在嗷嗷待哺。种植园主见势不妙，给了爸爸几块钱，让他去买袋面粉，免得我们饿死。妈妈让那袋面粉撑了很久。

妈妈种红薯。她烤的红薯吃起来特别香甜，不用额外加糖。她做的饼干松软可口，她做的玉米面包能让你一天都面含微笑。

蔬菜是院子里种的。要是我们买得起饲料，鸡就能长到被拧断脖子的那一天。拧鸡脖子是孩子们的活儿。一阵鸡血飞溅、鸡毛飞舞过后，我们将鸡毛拔得干干净净。随后，我驾起马车去取烧炉子用的柴火。妈妈做的鸡肉是褐色的，味美多汁。我从没听说过沙门氏菌。

我也从没听说过癌症。食物少归少，但新鲜。妈妈四点半就起来为我们做饭。当爸爸、姐姐、弟弟和我下地回家吃午饭时，好吃的豆子和米饭已经在桌上等着我们了，它们足够维持我们下午的体力。没有人谈论消化性溃疡或肠易激综合征。有人生病的话，种植园主会唤来一个医生。但生场病好几天就下不了地了，还是健健康康的好。

我们过着与世隔绝的生活。没有报纸。我很小的时候家里连收音机都没有。五岁那年，我听说美军在珍珠港遭袭，但我并不明白是怎么一回事。战争是另一个世界的事，我们的世界是农耕。最近的邻居离我们家也有一英里远。玉米还没长高的时候，我站在门廊上能看到他家的棚屋。等玉米长高了，我就只能看到高高的黄色秸秆在阳光下摇曳起伏。

说到享用非禽类肉食，我们只能在圣诞节吃上一顿猪肉，一年仅此一次。种植园里只有两个假期——圣诞节和复活节。没有人告诉我们还有感恩节和火鸡。作物到了该采摘的时候，就是独立日也没人打算休息。圣诞节比较特殊，我们过这个节不是因为有钱买礼物，而是因为是时候杀猪了。

谁家都没有冰箱，所以肉得赶紧吃掉。盐腌可以保存，但吃新鲜猪肉才是王道。这意味着大家伙得团结协作。圣诞节前几周，我们会和邻居们聚在一起，制定出杀猪日程表。比方说，12

月 10 日，约翰逊先生杀他家的猪，留下一大块好肉给家人，剩下的分给邻居们。五天后是史密斯先生做同样的事，再然后轮到我们家。我花了那么多时间喂我的猪，它已经成了我的朋友。猪也有性格，有些真的又聪明又友好。我得割断它的喉咙，然而我下不了手。我得再想一想。这是世界上我最不愿意做的事情。尽管不忍心，我还是握住刀柄，做了我得做的。

我最初听到的音乐——最初打动我的音乐，不是人类的音乐，而是小鸟的音乐。它们早也唱，晚也唱，抓住了我的耳朵，让我对上帝创造的一切生物产生了兴趣。有些在地上爬，发出咝咝声，咬你一口，你就会中毒；有些在天上飞，为你唱着甜美的小夜曲。不同的鸟儿哼唱着不同的歌儿，我都能听得懂。它们怎么学会那些歌儿的？怎么唱得那么动听的？听它们唱歌时，我会闭上眼睛——万物都消失了，只有短小欢快的啁啾响在耳边，让我明白世间充满了美妙的声音。

我的爸爸妈妈只上过三年学，但这不代表他们不欣赏有才华的人。有个大名叫亨利·史密斯，别名叫库特的人，很有音乐天分，弹一把只有两根弦的吉他。爸爸很欣赏他，每年圣诞都邀他过来演奏，请他喝葡萄酒。那是我第一次见到吉他，也是我第一次摸到吉他。他的指弹让我浑身直起鸡皮疙瘩。我记得他唱了首《明晚》（Tomorrow Night），后来我才知道是布鲁斯歌手朗尼·约翰逊（Lonnie Johnson）的歌。第一次听库特演奏时，我们那里还没有通电，自然就没有收音机和唱片。库特在一张木椅上坐下，把吉他放到腿上，开始让它诉说。只有两根弦。他的嗓音不高，配上吉他却很动人。它在讲故事，让你不由自主地停下来去听。当然，他没有鼓，可当他的脚在地板上有节奏地打着拍子时，你会想要跳舞，想要边弹边唱。

我细细观察了库特。我看到他与他的吉他产生着联系。那是他的女人，他的孩子，他的朋友。他轻抚着它，就像轻抚着一只狗。他让它哭，也让它笑。他让它诉说着我从未听过的故事，让我想要得到一把吉他。

妈妈买第一扇纱窗的时候，我看到了希望。纱窗是个好东西，能阻止你被路易斯安那的巨蚊抬走。它们看起来像是吉他弦做的，至少在我看来是这样。趁父母不在，我卸下一扇纱窗，从顶部抽下两根线，固定在两个锡罐间，当成吉他拨弄了起来。我明白了弦的松紧程度不同，发出的声音就不同。但到了第二天早上，爸妈发现我们为什么快被蚊子吃掉了。

"谁把纱窗瞎搞成那样的？"爸爸问。

他挨个儿扫视着我们几个。当他的眼神扫到我时，我没有吭声。

"为什么不修好它，巴迪，并保证下不为例？"

我修好了纱窗，但第二天我又搞定了一种装置，基本上就是将橡皮筋拉长了钉在墙上。我不断地拨弄橡皮筋，就像拨弄琴弦一样，指望着能拨出库特的旋律。深夜里，满月下，我锯下一块又一块的木头，试图将它们拼合在一起，做出个像样的"吉他"来，可最后总是以失败而告终。

但库特的清脆琴声和鸟儿的甜美歌声从未离开过我的脑海。我满脑子都是那些我不会弹的音乐。

干完活后，我们走着去真葡萄树浸礼会上学，得在碎石路上走很远。有一次，一辆黄色校车从我们身边驶过，车上坐满了去正规学校上学的白人小孩。一些熊孩子将身子探出窗外，朝我们扔石块，我们只能跳着闪躲。我想拾起来扔回去。如果有蛇咬你，你的本能反应是弄死它。但对方的人是我们的二十倍，想报仇门儿都没有。大人告诉我，有些白人是好样的，有些则是下流胚子，就像黑人也有好有坏。只要是坏家伙，不管是黑人还是白人，我都得避开。

我从没听说过三 K 党。爸爸要求我尊称白人为“先生”，不过他同样要求我尊称黑人为“先生”。每种肤色都应得到相同的尊重。

我最令人佩服的是驯马。小小年纪的我因为能够驯服野马而名声在外。邻居们会把他们的烈马牵来给我驯。怎么做到的我也说不清，像是与生俱来的本事。我能和马儿对话，甚至还能跟它们讲道理。我会说：“我知道你喜欢撒野，有性格，我喜欢。不过，听着，宝贝儿，我准备再骑你一次，然后就让你守规矩。”我对野马有一种亲切感，再大些开始弹吉他后，我有点明白这是为什么了。小时候，我看到了马身上的野性，但尚未看到自己骨子里也有同样的野性。

我爱棒球，但路易斯安那的穷乡僻壤可没有少年棒球联盟。我们甚至连个像样的棒球都没有。我们把锡罐捣烂，用扫帚柄挥击，放些石头在地上当垒。我们和爸爸们站在白人家的后院听棒球赛——白人把收音机放窗台上，让我们能听到比赛。1947 年，在远离布鲁克林的地方，我们听到道奇队签下了大联盟首位黑人球员杰基·罗宾森[1]。我能感受到爸爸内心的骄傲。听到杰基从波士顿勇士队的华伦·斯潘（Warren Spahn）手中敲出一支二垒安打，或是突破费城人队的防守盗回本垒时，我能感到自己的心在怦怦直跳。杰基初闯大联盟便赢得了最佳新人奖，对 11 岁的我来说，那座奖杯也属于我和所有黑人小孩。它是颁给我们这些买不起棒球手套，甚至连一场大联盟比赛都看不起的黑人小孩的。

由于年纪太小，我已记不得 20 世纪 30 年代乔·路易斯[2]与马克斯·施梅林[3]的对决了。不过，我还记得挨着爷爷和爸爸站着，听到路易斯在第 13 回合击倒比利·康恩（Billy Conn）的那一刻。我们都在为他欢呼加油。在杰基·罗宾森之前，他是唯一一个与我们有着同样肤色的美国英雄。

想到狠角色这个词时，我的脑海里总会浮现奶奶的身影。她嘴里永远叼着玉米芯烟斗。抽完一斗烟后，她会把里面的烟灰倒出来抹嘴上。我们中若有谁调皮捣蛋，她准第一个发现。她会毫不犹豫地从树上扯下最粗的树枝，朝我们的黑屁股抽去。

---

1 Jackie Robinson（1919—1972），美国职棒大联盟第一位黑人球员，1947 年 4 月 15 日，罗宾森作为先发一垒手代表布鲁克林道奇队首次亮相。在种族偏见仍无所不在的大背景下，尽管遭受各种恐吓乃至死亡威胁，罗宾森依然凭借出色的表现在该年度获得最佳新人奖。杰基·罗宾森踏上大联盟舞台是近代美国民权运动最重要的事件之一（脚注均为译者所加）。

2 Joe Louis（1914—1981），美国黑人职业重量级拳手，保持世界重量级拳王头衔 12 年，期间 25 次卫冕。他一生为打破种族歧视，改变黑人在美国的地位和形象起到了无人能替代的作用，被认为是美国的第一位黑人英雄。

3 Max Schmeling（1905—2005），迄今为止德国唯一的一位世界重量级拳王，他与乔·路易斯的两次巅峰对决掺杂了政治和种族色彩，甚至被渲染成美国和纳粹德国之间的另类战争，是当时轰动全球的著名事件。他的传记电影《马克斯·施梅林：德意志的拳头》2010 年上映。

爷爷爱讲段子。他最爱讲关于杰西·詹姆斯[1]的段子，可把我们吓坏了。杰西·詹姆斯出没的年代，白人不敢把钱存进银行，而是埋到坟墓周围。为了防止黑人偷挖，白人散布了恐怖的谣言，说墓地有野鬼把守。他们还说，在坟头留下威士忌才能挖到钱，因为只有这样做，野鬼才不会骚扰你。我被吓得心神不宁，脑子里净是这些段子，还梦到醉醺醺的野鬼追着我满鸡舍跑。

就像恶劣的天气导致作物死亡一样，恶劣的环境也导致黑人死亡。在乡下，死亡是常事。乔治叔叔死的时候还很年轻，我记得人们将他的遗体放进一副松木棺材。一个脑子坏掉的邻居割断自己的喉咙，失血过多而死。我不禁想起我割断猪喉咙的那一幕。为什么有人要割断自己的喉咙啊？

一天，我的小伙伴格兰特·克拉克跟着他爸去林里打猎（我也常跟着我爸一起去），结果再也没有回来。子弹掀掉了他的头顶。谁都没有错，那是一个可怕的意外。接连好几个月，我都噩梦连连。

年初几个月，我天天驾着骡子犁地。之后就该播种了。骡子不好对付，根本不听你的。**犟得跟骡子似的**真不是瞎话。骡子喜欢对着你的脸放屁，迎着风儿撒尿。它们拉的屎比地球上所有动物拉的都臭。我抽打着它的肥屁股，吆喝它快点儿把活干完，这样我就能回家打棒球，或是进林子打鸟。我指望着能打到一只

1　Jesse James（1847—1882），极具传奇色彩的美国强盗，多年来是很多歌曲、书籍和电影热衷的题材。

鸟，好在晚餐时享用。

生活很安稳，种蔬菜、摘棉花、种玉米，周而复始。看看天，祈祷风调雨顺；瞅瞅地，盼望庄稼生长。

一成不变的世界即将有变化发生。这个变化没能改变我们务农的命运，但确实带给我们一些前所未有的新东西。

光　亮

20 世纪 40 年代快要溜走的时候，我家终于接进一根电线。这一年我 12 岁。天花板上多了一盏小灯泡。不过，一场暴风雨就能让我家停电。事实上，我家的屋顶是如此脆弱，一场豪雨就能将它撕开几道大口子。妈妈把家里的浴盆一字排开接倾盆而下的漏雨。

小灯泡的登场没怎么改变我们的生活。但我们买的第一样电器，一台播放 78 转唱片的破旧二手唱机改变了一切。感谢上帝，我老爸钟爱布鲁斯，从地里回来后想听布鲁斯。感谢上帝，我老爸有约翰·李·胡克（John Lee Hooker）的单曲唱片《布基儿童》(Boogie Chillen)。这张唱片改变了一切。

1949 年，我满 13 岁的时候，《布基儿童》不但成了非裔美国人世界里最火的歌，也成了盖伊家有史以来最受欢迎的歌。就一把电吉他充当伴奏，旋律简单，歌词也简单，甚至连韵都不押。但那股律动让我蠢蠢欲动，那种感觉强烈到听完一遍必须再听一遍。当约翰·李唱到："娘对爹说，让这小子'布基伍基'[1]”时，我觉得他就是在唱我。我无论如何都要得到一把吉他，学着弹唱《布基儿童》。歌里有我得知道的谜。在把它的每一个音符、每一句歌词烂熟于心后，我觉得我有了一把能打开一扇门的钥匙。门里面是什么我不得而知，但我得打开看个究竟。

我数着指头盼望圣诞节，不仅因为能收到礼物，还因为库特会来。就像每个拥有吉他的人一样，库特会弹《布基儿童》。而且，我要求他连着弹上六七遍他也不会介意。我看得非常仔细，什么都没错过。趁库特去喝爸爸为他准备的葡萄酒的当儿，我抱起吉他，试着弹奏《布基儿童》。旋律在我脑子里回响，但我的手指就是跟不上。我的手指笨拙地在指板上摸找，我的内心沮丧不已。库特回来后，我要求他再来几遍。

“你就听不厌，孩子?”他问道。

“是的，先生。”

二三月份的一天，妈妈叫我去买糖和盐。走进白人阿提戈开的小杂货店时，我朝外瞟了一眼，正好看到一辆旧汽车停了下来。一个瘦骨嶙峋、戴着顶大草帽的家伙从车里缓缓走出。当我的目光扫到他腋下夹着的东西时，我的心跳开始剧烈加速，我的心脏几乎破胸而出。

他腋下夹着一把电吉他，手里拎着一只黑色大箱子。

“他是谁?”我问阿提戈。

1　Boogie Woogie，19 世纪 70 年代诞生于非裔美国人社区的音乐类型，上世纪 20 所代末开始流行，起初由钢琴弹奏。后来“布基伍基”也被爵士、乡村、福音乐队演奏。约翰·李·胡克把它应用到吉他上，创造了经典之作《布基儿童》。

“‘闪电苗条’[1]。”

“他弹吉他?”

“名头可响了。”

“他今天弹么?”我问道。

“给他一瓶啤酒就弹。”

“给他两瓶。”

他慢慢地走了进来，朝阿提戈咧嘴一笑。

“啤酒是冰的么?”他问。

“这儿有个喜欢吉他的小孩。”阿提戈说。

“箱子里是啥?”我问“闪电苗条”。

“就一束线和一只音箱。你难道没见过电吉他音箱?”

“没有，先生。它有啥用?”

“放大电流，让音量更大，让吉他尖叫，盖过乡亲们的闲聊，盖过其他一切声音。当这把电吉他开始嗡嗡呼啸的时候，乡亲们会像蜜蜂发现蜜源一样飞过来。”

“您知道《布基儿童》?”我问道。

“还有人不知道?”

“您打算弹么?”

“当然。你跟我一起唱?”

“我不会唱歌。”

“孩子，谁都会唱歌，就跟谁都会说话一样。”

“闪电苗条”给电吉他音箱接上电源，一个小指示灯变成

1 Lightnin' Slim（1913—1974），路易斯安那布鲁斯吉他手、创作歌手，有布鲁斯乐评家将他与马迪·沃特斯、小沃尔特、“嚎狼”和“桑尼男孩”一起列为20世纪50年代五大布鲁斯音乐家。

了红色。他开始拨弄吉他，我走到他面前站定。随着第一声拨弦响起，一股电流贯穿了我的身体。脑子里的血，心血管里的血，四肢里流动的血全都沸腾了起来。他的粗粝嗓音也让我惊愕不已。我的嘴巴张得老大，一大家子苍蝇能一齐飞进来。他听起来不像约翰·李·胡克（没有人听起来像约翰·李·胡克），但他真的撼人心魄。我纹丝不动地看着他奏了五六首歌。我一眼不眨地盯着他的手指，就像猎狗一眼不眨地盯着兔子洞。他弹了半个钟头，喝了三瓶啤酒。他唱完的时候我环观四周，赫然看到店里已经挤满了人。不知道他们是从哪儿突然冒出来的。

“闪电苗条”朝我眨了眨眼：“我在乡下弹电吉他时，三四英里外的人都能听得见。我说的吧，乡亲们会像蜜蜂发现蜜源一样飞过来。”

然后，就像“独行侠”[1] 一样，他收拾好他的家伙，走向他的汽车，驶进金色的夕阳。

我知道“独行侠”，因为每隔几周，阿提戈就会开着皮卡带我们这些黑人小孩去 10 英里外的小镇上看电影。事实上，我和阿提戈的儿子是童年好伙伴。然而，我们长大些的时候被告知，黑人和白人成不了好哥们儿。他不信，我也不信，可还是被他们言中。

1　Lone Ranger，虚构人物，一名戴着面具的前得州骑警，与原住民伙伴 Tonto 一同维护正义，曾多次翻拍为电视剧与电影。这个角色被认为代表了美国文化与精神，成为美国流行文化中最持久不衰的符号之一。

在电影院，只有白人才能坐楼下近距离观影，黑人只能坐楼上。我喜欢会玩套索的牛仔和神枪手，爱看吉恩·奥特里[1]和罗伊·罗杰斯[2]驾着骏马射杀偷牛贼。当吉恩坐在篝火边弹吉他时，我的目光直接移到了他的手指。他的琴声怎么会如此让人平静？“闪电苗条”和约翰·李·胡克不能让我平静。他俩让我蠢蠢欲动。我喜欢被挑得蠢蠢欲动，但我也喜欢柔和圆润的吉他声。那些牛仔歌曲就像摇篮曲。谁都喜欢摇篮曲。

在家里，我与唱机寸步不离。继约翰·李·胡克之后，我们有了“闪电”霍普金斯（Lightnin' Hopkins）的唱片：《“闪电”的布基》（Lightnin's Boogie）和《呜咽布鲁斯》（Moanin' Blues）。“闪电”霍普金斯比约翰·李·胡克要柔和些。他的拨弦声与众不同。他弹的时候，那些小小的音符仿佛在行走，就像你沿着长沼[3]行走似的；他唱的时候，那些简单的歌词仿佛在讲故事，就像你老爹在对你讲故事似的。你相信他说的每一个字。当蕴含节奏的唱词让你不由自主地用脚轻敲节拍，用心轻轻跟唱时，你只想抬起唱针，放回歌曲开始的地方，从头再听一遍。

我邂逅“闪电苗条”的那家小杂货店里有一台自动点唱机，里面装着许多我爱得不得了的唱片。我第一次听马迪·沃特斯的《滚石》（Rollin' Stone）就是在那儿。就像约翰·李·胡克和

---

1 Gene Autry（1907—1998），美国著名乡村歌手和演员，以“歌唱牛仔”的形象走红，是唯一一位在好莱坞星光大道上得到全部五种星的人，以表彰他在电影、电视、音乐、广播、戏剧各方面的成就。

2 Roy Rogers（1911—1998），被称为“牛仔之王”的美国著名乡村歌手和演员，最走红的西部片明星之一。

3 Bayou，泛指美国南方，尤其是路易斯安那的沼泽湖、湿地等。

“闪电”霍普金斯一样，马迪·沃特斯撬开了我的灵魂。我觉得我认识他。

“马迪·沃特斯住哪儿?”我问阿提戈。

“芝加哥。这帮家伙全住在芝加哥。”

“芝加哥远么?”

“很远。”

阿提戈说一个叫小沃尔特（Little Walter）的口琴手也住在芝加哥。他按下一个按钮，小沃尔特的一张唱片开始播放。

“听上去像个娘们在哭，是不?”阿提戈说。

“是的，先生。”

“也像一个大老爷们在**乞求**。”他补充道。

我不大明白。

“你永远不会**乞求**，是吧，孩子?”

“应该不会。”我说。

“你会的。”

我乞求了。

它发生在我对一种音乐开始有感觉的那一阵。

姑娘们会告诉你，她们初陷爱河时听到的音乐是世界上最动听的。小伙子们会告诉你，他们开始有性冲动时听到的音乐是世界上最带感的。这些音乐将伴随他们的一生，将和他们对话，跟他们同行，与他们同眠，把他们叫醒。这些音乐的种子播撒在肥沃的土壤里。

我的这种音乐叫布鲁斯。谁都知道布鲁斯既快乐又忧伤。当然它也很性感。随着布鲁斯进入你的身体，你的原始本性会被激发出来。

在乡下，尤其是在地面潮湿泥泞的路易斯安那，我们得学会站着做爱。这不容易，不过宝贝儿，有志者事竟成嘛。我第一次那样做时大概 15 岁。那些姿势很尴尬，但也很过瘾，尤其当你找到一个小长凳，让你的宝贝儿能把腿举起来时。

音乐让我疯狂。要是“闪电苗条”再度驾临，或是阿提戈的自动点唱机里多了一张牛逼唱片，我会忙不迭地飞奔过去。可姑娘们没有让我疯狂——我多留了个心眼。这是因为奶奶告诫我说，女人就像丛林中的植物，有些不仅美丽动人，还能帮助你变得强大，然而另外一些虽然同样美丽，却带着毒。

“有毒的花儿会杀了你，或是搞得你不想活了。”奶奶说。

精力旺盛的我没有压抑自己的本性，但我也遵从了奶奶的教诲。我避开了疯丫头——她们会把自己的事和你的事讲给每个人听。我喜欢寡言的女孩——她们只是静静地享受男女之间的感觉。

相较于性，我想得更多的是棒球和音乐。如果硬要我在这两者中选一样，胜出的是音乐。举个例子，我们的棒球赛（基本上就是用妈妈的拖把柄挥击锡罐做的“棒球”）激战正酣时，如果收音机里飘出了“烟雾”霍格（Smokey Hogg）的《早上好，小女生》（Good Morning，Little Schoolgirl），我会大叫一声：“下雨了，比赛延期！”然后奔向收音机。比赛会一直延期下去，直到 DJ 不再播放布鲁斯。天气晴好的话，家里的收音机能接收到从遥远的田纳西飘来的信号——那家电台时常播放威利·梅本（Willie Mabon）的《我不知道》（I Don't Know）、

J. B. 勒诺（J. B. Lenoir）的《朝鲜布鲁斯》（Korea Blues）和“嚎狼”（Howlin' Wolf）的《午夜呜咽》（Moanin' at Midnight）。

收到蒙哥马利·沃德百货（Montgomery Ward）或西尔斯·罗巴克百货（Sears Roebuck）寄来的商品目录后，我会翻来覆去地看乐器的页面。我定睛端详着吉他的图片，就像其他男孩定睛端详着上面的女人半裸照。我得拥有一把。问题是一把新吉他标价 20 美金，我哪来那么多钱给他们汇去？但在一个圣诞节，一件类似的好事发生了。

和以前一样，我们的圣诞晚餐包括新鲜的猪肉、蔬菜、豆子和红薯。傍晚，库特带着他的两弦吉他过来了。这次他喝得比以前多。喝完酒后，他突然弹起了乔·里金斯（Joe Liggins）的《甜蜜乐音》（Honeydripper）。他的版本比原版的速度要快，我们全都跟着节奏跳起舞来。这个冬天不太冷，看起来土地能多赏爸爸几个钢镚。

“亨利，”爸爸叫着库特的本名，“我认识你爹吉姆·史密斯有些年头了。他给你买这把吉他时你多大？”

“12 岁吧。”

“我儿子巴迪也这般大。”

“是的，先生。”

“我猜你不止这一把吉他吧。”

“猜对了，我家里还有一把，以备不时之需。”

“今天‘不时之需’来了。库特，我想买下你手里这把。”

爸爸说这番话的时候，我的心开始咚咚狂跳。

“五块，差一个子儿也不成，盖伊先生。”

"噢，我有四块，它们正等着暖和你的口袋呢。"

"四块再加点零头就卖。"

"我还有个两毛五的钢镚儿。"爸爸说。

"它会孤单的，"库特说，"还需要一个两毛五的钢镚儿跟它做伴儿。"

"那就让一个一毛的钢镚儿跟它做伴儿。这儿是四块三毛五，拿去买酒喝，够你喝到开春的。"

爸爸一手交钱，库特一手交吉他。

我的人生从此大不同。

"先别急着走，库特，"我说，"教我弹《布基儿童》吧。"

"简单，"库特说，"按住这几个音。"

他告诉我是哪几个音。我的手指不听大脑指挥。我请库特再示范一次，然而他酒兴正浓，不想被打扰。

"求求你，"我乞求道，"我得学会弹《布基儿童》。"

"这是最后一次，小子。"

他向我示范如何用左手在琴颈上上下移动，如何用右手拨弄那两根琴弦。

我弹起来了。姐姐和弟弟很为我高兴，但听我弹了四五遍后，他们说可以停止了。我没有停下来，因为库特醉了，没法教我第三次。恋爱中的傻瓜不会丢下他的女人，我也不会丢下这首歌。我不会停下来。我弹了一个小时，接着又弹了一个小时。我弹着它踱向屋后，穿过玉米地，走过长沼，迈进树林。我不停地弹啊弹，因为我害怕停下来就会忘掉。我得把这首歌弹进我的身体，成为我的一部分，就像我的心和肝。我一直弹到眼睛睁不开，这才抱着吉他上床睡觉。我生怕早上醒来这首歌会不见了，我再也不会弹它了，所以就在脑海里哼唱它的旋律，祈祷在梦中接着弹下去。第二天醒来，我一把抓起吉他，想知道那些音符都还在么。

它们都还在。

米切尔

上世纪 50 年代初的一天，15 岁的我坐在姐姐家的门廊上，弹着爸爸从库特手里买的两弦吉他。我从老家莱茨沃斯搬到了路易斯安那州首府巴吞鲁日，和老姐安妮·梅一起住。我即将升入中学。莱茨沃斯没有中学。爸爸妈妈希望我比他们多读几年书，所以把我送到了巴吞鲁日。离开了熟悉的种植园和木棚屋，我有点惴惴不安。那时巴吞鲁日住着 12 万人，较之我的老家，这数字也太大了些。这里不是纽约或芝加哥，甚至不是新奥尔良或孟菲斯，但适应起来也不容易。现在回头看，巴吞鲁日其实就是一座乡村城市，不过对一个刚刚离开种植园的孩子来说，还是得费番功夫去适应。那把两弦吉他帮了我大忙。

我在弹奏约翰·李·胡克的新歌《我有心情》(I'm in the Mood)。约翰·李的每首歌都能让我产生共鸣。

“你看起来很爱吉他。”一个路过的男人说。他的皮肤漆黑如炭。

“是的，先生。”

“你的吉他很破。”他说。

“从一个家伙那儿买的，他用了很久了。”

“只有两根弦。吉他不应该是六根弦么?”

“是的，”我说，“不过能有一把弹着我已经很开心了。”

“你有把好吉他的话会弹得更好，我敢肯定。你可能立马就会弹得更好。”

“也许吧。”

“明天你还在这儿，孩子?”

“是的，先生。”

“明天是礼拜六，我不用上班，明天我来找你。”

“我在的。”

虽然不知道这个男人打的什么算盘，我还是在第二天坐到了门廊上，弹奏起《我有心情》。

刚到下午，他来了。

“准备好了吗?”他问道。

“准备好什么，先生?”

“准备好得到一把新吉他。”

“怎么得到?我没钱买。”

“我有。我们这就去琴行买。”

他开着他又旧又破的汽车，带我来到市区一家琴行，给我挑了一把 Harmony 牌六弦吉他。

“多少钱?”他问店主。

“52 块。”

对我来说，52 美金是世界上最大一笔钱。谁他妈拿得出 52 美金?

他拿得出。他从口袋里摸出一沓现金，递给店主。店主仔细数了数。一分不差。

我所能说的只有："谢谢您"。我对他说："谢谢您"。我对店主说："谢谢您"。我对上帝说："谢谢您"。

回老姐家的路上，男人停车买了一夸脱啤酒。我们在老姐家的门廊上坐下，他呷啤酒，我弹吉他。琴体是金黄色的，琴声美得让人想哭。音色清晰、纯净、强劲。我并不知道该怎么对付六根弦，但我学得很快。琴弦绷得紧紧的，我的指尖感觉很舒服。没多久我就能在六根弦上弹《布基儿童》了。两根弦和六根弦的区别怎么会这么大！我的手上仿佛有了一支交响乐团。

过了一会儿，安妮·梅回来了："这个乡下小孩怎么有闪亮的新吉他的？"

"这是一个礼物。"男人说着分了点啤酒给姐姐。

"不够两人喝的，"姐姐说，"我去买一夸脱。"

"今天我做东。"男人起身出门，又买了些啤酒。

他俩边喝边听，姐姐突然冒出一个想法。

"知道莱茨沃斯在哪儿吗？"她问这个男人。

"太知道了。"他说。

"现在是周六晚上。我们坐您的车去看我爸妈，给他们捎些啤酒，让他们看我弟弟弹他的新吉他。您看怎样？"

男人说好。我说好。我们加了一块钱汽油，一路向北开了50英里，在我家的木棚屋前停了下来。

我的狗狗友好地叫了起来。乡下人家都不锁门，狗一叫，就知道有陌生人或朋友来了。狗狗舔我的脸的当儿，爸爸走出来迎接我们。

“哎呀，哎呀，哎呀，”爸爸说，“安妮·梅和巴迪。美丽的惊喜。”

然后他看着那个男人说：“你是米切尔？米切尔·杨？”

“是我，”男人说，“你是山姆？”

“是啊，我是山姆·盖伊。你是我的发小米切尔。”

两个男人握手拥抱。

“米切尔刚给巴迪买了把新吉他。”安妮·梅说。

“你知道他是我儿子？”爸爸问。

“一点都不知道，”米切尔说，“我就是看出他需要一把真正的吉他。”

这时妈妈走了出来，把我揽入怀中。她都听到了。

“仁慈的上帝啊，”她说，“多么美妙的夜晚！”

巴吞鲁日

我搬到巴吞鲁日是为了上中学，学些比种地强的东西。

“种地没前途，”爸爸说，“你得上学，孩子。种地只够填饱肚子，干这行注定飞不起来。我希望你能飞起来，而不是在原地踏步。”

姐姐安妮·梅开心地收留了我。她在路易斯安那州立大学（LSU）有份体面的工作，姐夫在美孚石油上班。她一天给我 15 美分零用钱，让我睡在前厅的一张折叠床上。她待我很好，虽然她是一个麻烦，我称之为美丽的麻烦。周六晚上，她会用葡萄酒和啤酒把自己灌得酩酊大醉，因为发酒疯被警察从酒吧带走关进局子是家常便饭。

我在麦金莱中学读完了八年级，本打算继续读下去，直到有一天，安妮·梅突然冲进屋里。她从莱茨沃斯回来，眼里噙着泪。

“怎么了?”我不解地问。

“妈妈中风了。”

“中风是啥?”我不得不问道。

“他们说就是血不能正常流进脑子，全挣脱开了。”

“我不明白。”

“她几乎不能说话，几乎无法动弹。”

“妈妈要死了吗?”我问道。

“不会的，不过我也不大清楚。我只知道医生说她再也回不到从前。”

当天我就回到莱茨沃斯，亲眼见到妈妈**几乎不能说话，几乎无法动弹**。她的嘴角歪在那儿，目光黯然呆滞。在这之前，她比任何人都起得早，把所有的爱都倾注在丈夫和孩子身上。看到她的样子，我的心都碎了。爸爸的心也碎了。我从没看到爸爸那么无助过。他总是知道该怎么做的。

“医生说他无能为力。”爸爸说。

但我知道我该怎么做。

我得回家。

妈妈中风后，一切都变了。她不会笑了。她的微笑伴着我长大，是我生命中的阳光，让我知道这个世界是美好的，什么困难我都能挺过去。我渴望再次见到她的微笑，整个余生都在渴望。

我们努力过，我也离开了巴吞鲁日，回到了棉花田，但盖伊家再也回不到从前。

一天晚上，在棉花田里忙碌了一天的爸爸、我和两个弟弟围坐在一起，身心俱疲。妈妈躺在床上，爸爸握住她的手。

“伊莎贝尔，”他说，“下地回来后，我们从没见过一件脏衬衣、一条脏床单、一个脏盘子。从来没有。你没有休息过一天。

大多数时候，你一个人的工作量比三四个壮汉加起来还多。是吧，亲爱的?”

爸爸自顾自地说着，也不管妈妈没法回答。

“你会好起来的，”他说，“我们都在这儿等你，不管还要等多久，伊莎贝尔。我知道你在听着呢。”

爸爸凝视着妈妈的眼睛。妈妈的眼睛在微笑，然而她的嘴角扬不起来。

我们继续祈祷妈妈能回到从前，虽然医生说这不会发生。我们相信会，我们必须相信。我们紧紧握住希望的手。

但没过不久，冰冷的现实便告诉我们，住在种植园对病重的妈妈很不公平。她需要定期去看医生。

爸爸决定离开种植园，举家搬到巴吞鲁日。我们外出打工意味着能有更多的钱为妈妈治病。种植园主对我们选择离开表示遗憾——我们是最勤劳的佃户。他祝我们好运并借卡车给我们搬家。爸爸在巴吞鲁日租了一间小房子，我则睡回到安妮·梅家的折叠床上。莱茨沃斯成了过去式。

重返巴吞鲁日后，我从始至终都在工作。我曾在一家啤酒厂上班，每天和传送带打交道。车间里的温度可能高达摄氏 43 度。这份工作单调乏味，比种植园的活计要累一百倍。种植园的活儿在室外干。听得见鸟叫，看得到动物，头顶着蓝天，而不是顶着肮脏发臭的天花板。下地劳作辛苦是辛苦，但感觉很自由。在厂里上班像是蹲监。这份工我没打多久。

加油站的活要好一点，至少是在室外干。我很懂车，乐于和车打交道，但三伏天除外。那时的加油站不允许顾客自己动手加油，加油是服务员的活儿。这很容易，检查轮胎也是。不过检查蓄电池和水箱就没那么容易了——一打开引擎盖，温度就从35度飙到了49度。我干得不错，没被蒸汽热晕。那时候一加仑才两毛钱，每个顾客平均加不到一块钱。我还得开着拖车去拖故障车。没过多久，我就熟悉了巴吞鲁日的每一条街巷。

与此同时，我在路易斯安那州立大学谋得一份楼宇管理员的差事。校园里很安静，我不介意在那儿打扫卫生，驾着多用途运载车干各种杂活。他们的拖拉机我也开得得心应手。

我白天在大学里当楼宇管理员，晚上在加油站做服务员，这样子的日子持续了几年。工作之余，我对吉他的热情与日俱增。自动点唱机里马迪·沃特斯、小沃尔特、“闪电”霍普金斯和“嚎狼”的唱片让我着迷不已。当时，吉米·里德（Jimmy Reed）正声名鹊起。他的鼻音厚得像密西西比的泥浆，节奏强得让你想灌口烈酒、泡个野妞。他会边弹吉他边吹口琴，他的吉他手埃迪·泰勒（Eddie Taylor）以尖厉动感的招牌音色著称。

我爱这些家伙，但我只能在远方爱他们。我梦想见到他们，然而他们没来巴吞鲁日。有一位著名的吉他手来了，我跑去看了。我听过他的唱片，知道他很牛逼，但直到亲眼看到他的现场，我才知道他还能改变我对布鲁斯弹奏的理解，重新整理我的大脑，让我展翅飞往全新的方向。

他在哪儿？他到底在哪儿？

安妮·梅在厨房里放了一台小收音机。一个周六，我收听了迪兹·迪恩[1]解说的道奇队对勇士队的比赛。前一天晚上，我熬夜收听了圣路易斯红雀与纽约巨人之战。我闭上眼睛，想象着自己坐在看台上，目送斯坦·穆休（Stan Musial）或威利·梅斯（Willie Mays）将球击出场外。

收听完比赛后，安妮·梅的一个朋友开车载我们去路易斯安那州立大学农学院。农学院有个教人做屠夫的系，老师在课上教学生如何切开猪的各个部位，如何将其切成小块。课一上完，他们就把猪头、猪肠和猪脚倒进一只桶里。在他们看来这些都是垃圾。嗯，我和姐姐把它们装进箱子，便宜卖给懂得烹煮它们的街坊。

能给我带来外快的除了屠夫课就剩下音乐了。开头不大顺当。别忘了，刚到巴吞鲁日那阵，你找不到比我更土里吧唧的

1 Dizzy Dean（1910—1974），美国职业棒球明星，场上位置是投手，退役后成为一名成功的棒球解说员，1953 年进入美国国家棒球名人堂。

人了。另外，我生性害羞，从来都不擅长向陌生人介绍自己。童年和少年时代的我大多数时候都沉默寡言，不觉得有什么要说的。

加油站的工作间歇，我抱着我的 Harmony 牌吉他，弹奏“闪电”霍普金斯的《快活女人》(Fast Life Woman)、马迪·沃特斯的《胡奇库奇男人》(Hoochie Coochie Man)、埃尔莫尔·詹姆斯（Elmore James）的《掸净我的扫帚》(Dust My Broom)等。我一直在努力学弹这类歌曲。一天，加油站老板对我说：“你能靠这个挣到钱。”

“谁付我钱？”

“嗯，坚持弹下去，有一天会有人过来付你钱。我保证。”

一周后，一个山一样的男人驾车来到加油站，当时我正准备弹奏吉米·里德。

“弹得不赖，”他说，“我是‘大老爹’（Big Poppa)。你叫啥？”

“巴迪。巴迪·盖伊。”

“嗯，听着，巴迪。我有支乐队，还缺一个吉他手。今晚你有空？”

“是的，先生。”

“我们在西特曼酒吧演。你知道《和我一起干，安妮》(Work With Me，Annie)？”

“‘汉克·巴拉德和夜行侠’（Hank Ballard and the Midnighters）的歌，”我说，“他们以前叫‘王室’（The Royals)。是的，先生，我知道这首歌，知道它很棒，知道它的每一个音符。”

“会唱么？”

“知道它的每一个字。”

“今晚九点西特曼酒吧见。”

我觉得我已经准备好了，但在答应“大老爹”之前，我并不知道在一群陌生人面前表演是什么感觉。当我走进西特曼酒吧的时候，里面已经挤满了想听好音乐的观众。

“发现了一个年轻人，他会唱你们最爱听的歌。”西特曼对他们说。

乐队瞬间奏起《和我一起干，安妮》。就这么奏起来了，没有排练。这难不倒我，我知道它的旋律，知道该什么时候进唱。但面对观众难倒了我。我做不到面对他们。害羞击败了我。我转过身去，对着墙壁唱了起来。

“你疯了，小子！”“大老爹”吼道，“你他妈的疯了！你不能对着该死的墙壁演！”

他吼得越厉害，我就越害羞。我没有勇气转过来，除非有猎枪指着我的头。

一曲奏毕，“大老爹”说：“你被解雇了！”

“可我才刚刚开始啊。”我抗议道。

“你一开始就错了，一开始就错了方向，给我滚出去！”

我走了出去，心里被整个事情搅得难受极了。第二天上午，我把这件事讲给雷蒙德·布朗听。雷蒙德是我的哥们儿。

“你还得去一次西特曼酒吧，巴迪，但你不能连续两次掉进同一条河里。这一次我陪你一起去。我有能帮你放松的药水，喝了就不会再害怕盯着他们看。”

“我宁愿盯着墙看。”

"你一直盯着墙看，最终会一头撞在墙上。你那么出色，面壁不属于你，你得盯着花钱过来看你的观众看。"

如果不是为了雷蒙德·布朗，我这辈子都不会再跨进西特曼酒吧。他对我有信心。他还随身带着一瓶"蒂奇诺医生"消毒药水（Dr. Tichenor's Antiseptic），这种药水一般用来漱口或给伤口消毒。他把药水倒进一只玻璃杯。

"喝下去，"他说，"你会大声喊出好消息。"

我喝下去一杯，接着又喝下去一杯。过了片刻，我感觉自己能展翅飞往月亮了。我迎着"大老爹"摆出的臭脸迈向舞台，告诉他我准备好唱《和我一起干，安妮》了。

"这是你最后的机会，小子。"他说。

"来吧。"我说。

我拼了。我竭尽全力地演绎着这首歌。我找到一个漂亮妞，把注意力集中到她身上。她含笑的嘴唇可比黑色的墙壁诱人多了。是的，先生，在我的哥们儿雷蒙德·布朗的帮助下，我面对着观众演奏了这首歌。从此我一直面对着观众演奏。

"大老爹"吹口琴。他不是小沃尔特。当时，小沃尔特的大热单曲《自动点唱机》（Juke）占领了电台和自动点唱机。我们成天听到的都是《自动点唱机》。它是一首口琴曲，但小沃尔特在用口琴歌唱。他让口琴欢笑，让口琴呜咽。小沃尔特成名之前，口琴售价一毛钱，人们把它当玩具看。随着小沃尔特声名大噪，口琴售价水涨船高，每把卖到了五美元，人们开始把它当乐器看。

见我对他的乐队有用处，"大老爹"开始带着我在巴吞鲁日的廉价酒馆巡演。出城演的话，我们就坐他的奥尔兹莫比尔

(Oldsmobile) 轿车去。他块头太大了，车前座被他一个人占了。“大老爹”的老婆醋劲十足，不准任何女人跟着我们一块儿去，连我姐姐安妮·梅也不例外。我们只好偷偷把安妮·梅塞进车后座。“大老爹”每晚给我两三块钱。我不在乎——我在演奏。

我也听巴吞鲁日的其他乐手，“闪电苗条”是其中之一，我在莱茨沃斯听过他的弹奏。他的口琴手先是“男生”克里夫(Schoolboy Cleve) 和拉菲尔·尼尔 (Rafel Neal)，后来是“懒鬼”莱斯特 (Lazy Lester)。“懒鬼”莱斯特常说：“我不懒，就是累得慌。”

在巴吞鲁日，他们总是聊到新奥尔良。我知道“微笑”刘易斯 (Smiley Lewis)、“胖子”多米诺 (Fats Domino)、罗伊德·普莱斯 (Lloyd Price)、“雪莉和李”(Shirley and Lee) 在新奥尔良录唱片。不久后，小理查德 (Little Richard) 也将在这座城市灌录自己的唱片。小理查德加速推动了摇滚乐的诞生。各种各样的音乐在新奥尔良和谐共生。巴吞鲁日距新奥尔良仅 80 英里，你会觉得我是这座音乐之城的常客，事实上我不是。那不是我的世界。我甚至一次都没去过。不过，是一位新奥尔良吉他手改变了我对布鲁斯弹奏的理解。

他不是比比·金 (B. B. King)，比比来自孟菲斯。别误会，我一听到《三点钟布鲁斯》(Three O'Clock Blues) 就爱上比比的风格了。比比的琴声悠扬清脆，让我入迷让我颤栗。

这位新奥尔良吉他手给了我比比·金没能给我的东西。他教会我如何表现自己，如何吸引观众，如何挑起气氛，如何让全场观众躁起来。人们叫他“苗条吉他”(Guitar Slim)。

“苗条吉他”的《我以前做的事》(The Things That I Used

To Do）成了继《布基儿童》之后我最爱的单曲唱片。我天天弹这首歌，白天弹、晚上弹，弹了好多年。天哪，我现在还在弹。就像爱妈妈一样爱它。雷·查尔斯（Ray Charles）那会儿住在新奥尔良，这首歌就是他帮“苗条吉他”做的。编曲、制作、钢琴弹奏都由雷亲自操刀。雷的制作完美无缺。《我以前做的事》推出才几个月，就成了南方每一个吉他手的保留曲目。

听闻“苗条吉他”即将献演巴吞鲁日共济会会所，我第一时间跑过去排队买票。门票五毛一张。我排在队伍第一个，率先抢到了票。我想站在舞台正前方，清楚地看到他翻飞的手指。我是最早到的，不过大厅里很快就摩肩接踵了。后面的观众连推带挤，我奋力保持着不动，护住我的好位置。事实上，我一动不动地从8点钟一直站到了9：45。这时候，乐队终于登台，开始演奏《我以前做的事》。**我的心脏瞬间停跳了一下**，仿佛谁往我喉咙里灌了一夸脱威士忌，一股暖流穿过全身。吉他弹得真够劲，但我没有看到弹吉他的人。我没有看到“苗条吉他”。我暗自心忖：**他人呢？他他妈的人呢？**

伴随着轰鸣的吉他声，这个问题一直在我脑海里回旋。我不得其解。我付了五毛钱，是来看真人的。

终于，人群后面传来了骚动声。大家循声转过头去，就见一个身材高大无比的大胖子从后面朝舞台走来。大胖子的肩上坐着一个人，和他巨大的体型相比就像个婴儿。但他不是婴儿，他的打扮拉风抢眼，火焰般的红西装、火焰般的红皮鞋、火焰般的红头发。他的弹奏充满了生命力，仿佛他的命就悬在那根长长的电吉他连接线上。他点燃了所有人的热情。他是“苗条吉他”。当他从大胖子肩上跳下来时，我看到他的武器是一把破旧的芬达

Stratocaster 型电吉他。它是如此破旧，像是在“一战”和“二战”的战场上拼杀过。他把它低挂在胯前，就像西部片里的持枪歹徒。他的吉他背带是鱼线做的，他的电吉他连接线足有 300 英尺长。在这之前，我心目中的吉他手是“闪电苗条”那种范儿的。“闪电苗条”永远坐着弹吉他，他跟我说吉他是为坐着弹设计的，得放在膝上弹。我以为吉他就得放在膝上弹。

“苗条吉他”从来不坐着弹。他把吉他夹在腿间弹，放在背后弹；他跳下舞台弹，挂在梁上弹……他愿意和那把美丽的老 Stratocaster 一起探索任何可能。

Stratocaster 坚硬结实，经得起跌摔滚打，经得起“苗条吉他”像甩一袋土豆一样绕着他的胯甩。我喜欢他粗暴地对待吉他，这契合他们奏出的强力音符。我仿佛听到 Stratocaster 在说：“来甩我啊，来揍我啊，我扛得住，我还是那个会发出动人尖叫的天使。”

“苗条吉他”的现场让我激动不已。他不推弦，喜欢简朴的即兴。我听过一点“丁骨”沃克（T-Bone Walker）。“丁骨”沃克是比比·金的偶像，最早的电吉他手之一，擅长弹和弦。“苗条吉他”不会弹和弦，只会用两根手指弹 solo，但那两根手指足以制造一场骚乱。

演出结束后，我留了下来，想更真切地瞧瞧他。他走下舞台的时候，一个乐迷拦住了他：“嘿，‘苗条吉他’，你家里的皮鞋有几种颜色？”

“彩虹的七种颜色我全有，”“苗条吉他”说，“我还有七种颜色的染发剂，用来搭配同样颜色的皮鞋。”

“你疯了，老兄。”那个家伙说。

“是吗?”“苗条吉他”说，“将来有一天，你看到的每个狗娘养的都会穿得和我一样疯狂，这个世界将这样改变，我不过是比你们超前罢了。”

12 年后，当我在旧金山看到打扮疯狂、衣着鲜艳、彩虹七色净收眼底的嬉皮青年时，不禁想起了“苗条吉他”的这番话。

“嘿，‘苗条吉他’，”另一个乐迷说，“你太牛逼了，老兄，这一品脱威士忌全给你。”

“谢了，好兄弟。”“苗条吉他”把一品脱威士忌一饮而尽。

“最好当心些，‘苗条吉他’先生，”一个穿着紧身裙的长腿美女说，“听说你酒喝得很凶，这样喝下去活不长的。”

“也许吧，亲爱的，不过我活一天顶你活三天。”

我跟着“苗条吉他”走了出去，看着他坐进他的大凯迪拉克，呼啸着驶入黑夜。我一个字都没说出口，坦白讲，除了“谢谢您”外，我真不知道该对他说什么。

“苗条吉他”向我展示了如何在观众面前弹奏吉他。他做的一切我都想做。我想像他一样让观众兴奋，像他一样让观众愉悦。我想拥有经得起揍的 Stratocaster。我想拥有黑压压的观众，让他们陷入疯狂。

我想成为“苗条吉他”。

爱在烂泥田

布鲁斯让你快乐，让你感伤。几乎每一首布鲁斯歌曲里都有一个女人，她对得起你或对不起你；气冲冲地离开你或把身体奉献给你。

布鲁斯、爱情和做爱由同一块木头雕刻而成。它们来自同一个地方。在巴吞鲁日，青春期的我感觉到了这个地方。布鲁斯冲击了我的灵魂，与此同时，我的血液里开始涌流着某种躁动，我的身体开始陷入饥渴。自从亚当遇到夏娃后，天性就让每一个男人都渴望着猎取女人。

种植园里的女孩子比男孩子多。她们和我们一起下地干活，所以没有时间也没有钱去打扮自己。当然，我注意到了她们，就像我之前说的，我有过一个，不过她没给我多少经验。

一个朋友告诉我，有天晚上，他带一个女孩去一片烂泥田。月亮被乌云遮住，浓雾弥漫大地，伸手不见五指。

她躺下来，张开腿，他压了上去。然而，他的小弟弟没有塞进小妹妹，而是塞进了一团烂泥。

“喔耶，宝贝儿，”他说，“你好棒，舒服死了。”

“你不在我里面。”她说。

“不在你里面?”

“不在，傻瓜。”

“噢。”

他把小弟弟从烂泥里拔出，擦擦干净，放进它应该待在的地方。她开始呻吟，他一声不吭。

“怎么了，亲爱的?”她问道，“你不爽么?”

“实话跟你讲，还是烂泥爽。”

刚升入麦金莱中学那阵，我担心周围的女孩子嫌我太土。她们漂亮会打扮，炫耀着自己的身材。我大饱眼福的同时，却从没鼓起勇气开口跟她们说话。

随着我的吉他开始弹得有模有样，情况有所改观。女士们喜欢乐手。有些女孩子走到我身边，对着我挤眉弄眼，让我很是兴奋，虽然我依旧羞怯。我也依旧小心——周围到处是肚子被搞大的同龄女孩。他们要么娶她们，要么开溜。

“把女人肚子搞大后不能开溜，”爸爸说，“你得照顾她和将来的孩子。”

我开始把目光转向比我年长的女人。她们更保险。就做情人来说，她们比年轻女孩更好。她们不介意教我怎么做爱。我喜欢学习。我喜欢她们教我从容不迫地做。我尤其喜欢已经结过婚的女人，因为她们不想再要孩子。

菲莉斯（Phyllis）是她们中的一个。她是一个很棒的女人，有两个小女儿。她请我帮忙照看她们，我高兴地答应了，而当菲莉斯邀我上她的床时，我更高兴地答应了。然而，我的“带着孩子的女士不想再要孩子”的观点并不全对。我 17 岁时，菲莉斯给我生了一个女儿——朱迪（Judy），三年后，我们又添了个女儿——多库丝（Dorqus）。我对两个宝贝很满意，对菲莉斯不想跟我结婚也很满意。她是那种独立的女人，对我没有附加条件。她说她会独自抚养她们长大，我对没有受到她们的牵绊心存感激。

一天，我正在老姐家弹琴来着，忽然有人来访。这时我已有了一把吉普森“莱斯·保罗”（Les Paul）型电吉他。来人是劳伦斯·查克，我们叫他“矮子”。“矮子”是巴吞鲁日人，之前丢下妻子去了芝加哥。

“很高兴见到你，老兄。你怎么回来啦?”我说。

“我老婆死了，巴迪。该死的车祸。”

“太不幸了，‘矮子’。真的很抱歉。我不弹了。”

“别别，巴迪。你继续。安妮·梅开了瓶好酒，我没理由不一醉方休。我喝的越多，就越想听音乐。”

我弹起《我以前做的事》。

“真好，想灌两口了。”“矮子”说。

“矮子”喝酒的时候，我继续抚琴。他和安妮·梅随着我的吉他声跳起舞来。我又弹了两个钟头。

“嘿，巴迪，”他说，“知道吉米·里德? 听过他的歌?”

“我在学他的歌呢。”

“他住在芝加哥。他们都住在芝加哥。马迪·沃特斯、小沃尔特、‘嚎狼’。”

“知道。”

“你为什么不去？”

“我去做什么呢？”

“找个街角弹吉他，一定有人听你弹。”

“我兜里没钱。”

“攒点儿，”“矮子”说，“攒够火车票钱，你到芝加哥后可以在我那儿落脚。”

“当真？”

“不当真我就不会说。”

“我在芝加哥能找到活儿？”

“那儿的活儿比这儿多，巴迪。你现在在哪儿打工？”

“路易斯安那州立大学。”

“芝加哥什么大学都有。你现在挣多少？”

“一礼拜 29 块。”

“你在芝加哥能挣双倍。”

“双倍？”

“也许三倍。所以人人都去芝加哥。芝加哥是你该去的地方，老弟。”

“矮子”的话挥之不去。芝加哥远在天边。我在芝加哥没有亲人。我们家还没人去过芝加哥。我们连路易斯安那都没出过。“‘矮子’住在芝加哥……”我在心底埋下了一颗希望的种子。种子会发芽，虽然需要时间。

要想在芝加哥站住脚，我就得弹得更好。所以我去上音乐课。

音乐老师丢给我一本乐谱书，我怎么也看不懂，跟数学课本似的。看起来不好玩。

“你需要从这本书开始学。”他说。

“我已经开始学了，先生。”我说。

“你从另一本书开始了？”他问道。

“从另一种书开始了。”

“书名是？”

“马迪·沃特斯的《胡奇库奇男人》。”

“这不是书，这是一首歌。”

“没错，但我能读懂这种书。它教给我很多。它的每一个‘字’我都烂熟于心。”

“但你需要这一本。”他说。

我捧起他的“天书”，又翻了一小会儿，说：“不了，还是读马迪的‘书’比较好。”

没有乐谱书，我在巴吞鲁日的廉价酒馆里干得还不错。虽说没挣到几个钱，但渐渐有了点小名气。看过“苗条吉他”的现场后，我也给自己整了一根巨长的电吉他连接线，让我能像“苗条吉他”一样弹着吉他从巷子里走出，昂首阔步地穿过大街，迈进俱乐部，登上舞台。我随身携带一个电烙铁，线断了就自己动手焊，因为我没钱再买一根。

不管是在廉价酒馆弹奏，在加油站和路易斯安那州立大学打工，还是在床上和菲莉斯做爱，我的思绪总在飘向芝加哥。我不确信自己在芝加哥能靠弹吉他养活自己，但我确信自己梦想着见到马迪和小沃尔特，见到他俩驾着好车在路上奔驰，见到他俩住的大宅，见到他俩在美妙的俱乐部里忘情演奏。

但它们是梦。梦是虚幻的。它们让我为之疯狂，终于有一天，我鼓足勇气对爸爸说：

“爸，我琢磨着去芝加哥闯闯，就住劳伦斯·查克那儿，你觉得我疯了吗?”

“‘矮子’?‘矮子’在芝加哥?”

“是的，先生。”

“他觉得你能找到活儿干?”

“他是这么说。”

“你觉得你能找到弹吉他的活儿?”

“不觉得，我就去找份一般的活儿。‘矮子’说那边活儿多。”

“好吧，去那儿弹吉他的话，记得弹《斯泰格·李》(Stagger Lee)。你听过《斯泰格·李》，孩子?”

“听过的。”

“去芝加哥的话，最好学会这首。”

“我会尽力的。”

“我知道。”

巴吞鲁日WXOK电台的DJ雷·麦道斯（Ray Meadows）欣赏我。WXOK有一间小录音室，他说我可以去录小样。我录了首自己写的《宝贝，你不想回家么》(Baby Don't You Wanna Come Home)。它听起来还不赖，虽然没法跟J.B.勒诺或约翰·李·胡克比。

“这小样你打算怎么着，巴迪?”雷问道。

“不怎么着，”我说，“不过我挺想去芝加哥的，我想把胆子放大些。”

“真去的话，去找莱昂纳德·切斯（Leonard Chess）。”

“他是?”

“切斯唱片的老板。”

“马迪他们录唱片的地方?”

“是的。”

“您怎么知道他的?”

“他每年都来我这儿，一年来一趟的样子。他告诉我他又推出了哪些新唱片，我会帮忙在电台放。”

“所以你们是朋友?”

“朋友说不上，商业伙伴吧。不过我帮你写的推荐信他肯定会看。如果你决定去芝加哥，我就把他的地址给你。你可以把这首小样放给他听。”

“您觉得他会喜欢?”

“别人喜不喜欢我说不上，巴迪，但是我喜欢，非常喜欢。”

雷·麦道斯的鼓励很受用，我真的十分需要。我 21 岁了，还没有成长为一个真正的男人。在种植园和巴吞鲁日，我有家人的保护。我住在一个小世界里，感觉人格也是小小的。我研究着“苗条吉他”和他点燃观众热情的方式，但我不知道自己能否做到像他一样。巴吞鲁日给了我一些东西，但我想要更多。至少，在芝加哥的大学里找到一份工作意味着有钱寄给妈妈。当我试图作出决定时，妈妈一直在我的脑海里。

妈妈中风后，我跟她说话再也得不到回应。但我能感受到她的灵魂，感受到她依旧强烈的爱。

“想得好纠结，”有天晚上我对她说。她坐在椅子上，怔怔地盯着前方。“我在考虑要不要去芝加哥。我们都没离开过您，我不敢去，妈妈，但我又不敢不去。我最远就去过巴吞鲁日，但您知道我有多爱音乐。芝加哥有人弹奏我想听的音乐。我没他们弹得好。见到马迪·沃特斯是我的梦想之一，我不能否认。妈妈，没见到马迪·沃特斯我死不瞑目，没见到小沃尔特我死不瞑目。他们在那儿。‘矮子’说他们演遍了芝加哥。我需要去那儿。如果我去的话，我一定赚钱给您买辆波点凯迪拉克。您觉得怎样，妈妈?”

妈妈没有作答，这时爸爸走了进来。他都听到了。爸爸刚从建筑工地回来——他在工地上推独轮车运送混凝土，我认识的人中就老爸一个能干这种重活。

“孩子，”他说，“你想去就放心地去吧，不用为我们操心。我一直跟你说的，我和你妈妈看到你们几个安定下来才会放心地向上帝报到。你在芝加哥会找到愿意跟你结婚的漂亮女人。你爱娶谁便娶谁，跟我无关。娶头大象都成，又不是我跟她睡。至于工作，记住，我希望你做最好的那一个，直到被后浪推掉。听清楚了吗，孩子?”

“听清楚了。”

那天晚上我做了个疯狂的梦。我梦见自己摘棉花，开拖拉机，带着我的狗狗去林中打猎。我瞄准一只兔子时，突然看到“闪电苗条”坐在一张摇椅上弹吉他。他坐在一棵大树下，苔藓从树枝上掉落。也许因为他名叫“闪电”，就见一道闪电划破长空，将他的吉他击得粉碎。我的狗狗叫了起来，与此同时，林子起火了，我们连忙奔回木棚屋，谁料屋子也在熊熊燃烧。我害怕爸爸妈妈姐姐弟弟被烧死了，然而当我转过身去，却见他们在为我鼓掌。原来我抱着一把吉他，正在为家人演奏。大火已经熄灭，暴风雨已然过去。

“继续弹，巴迪，”妈妈在梦里对我说，**“不停地弹。”**

我充满爱的家，左起：弟弟菲尔、姐姐范妮·梅、弟弟山姆、姐姐安妮·梅、我

我的老师们：比比·金、约翰·李·胡克、威利·迪克森

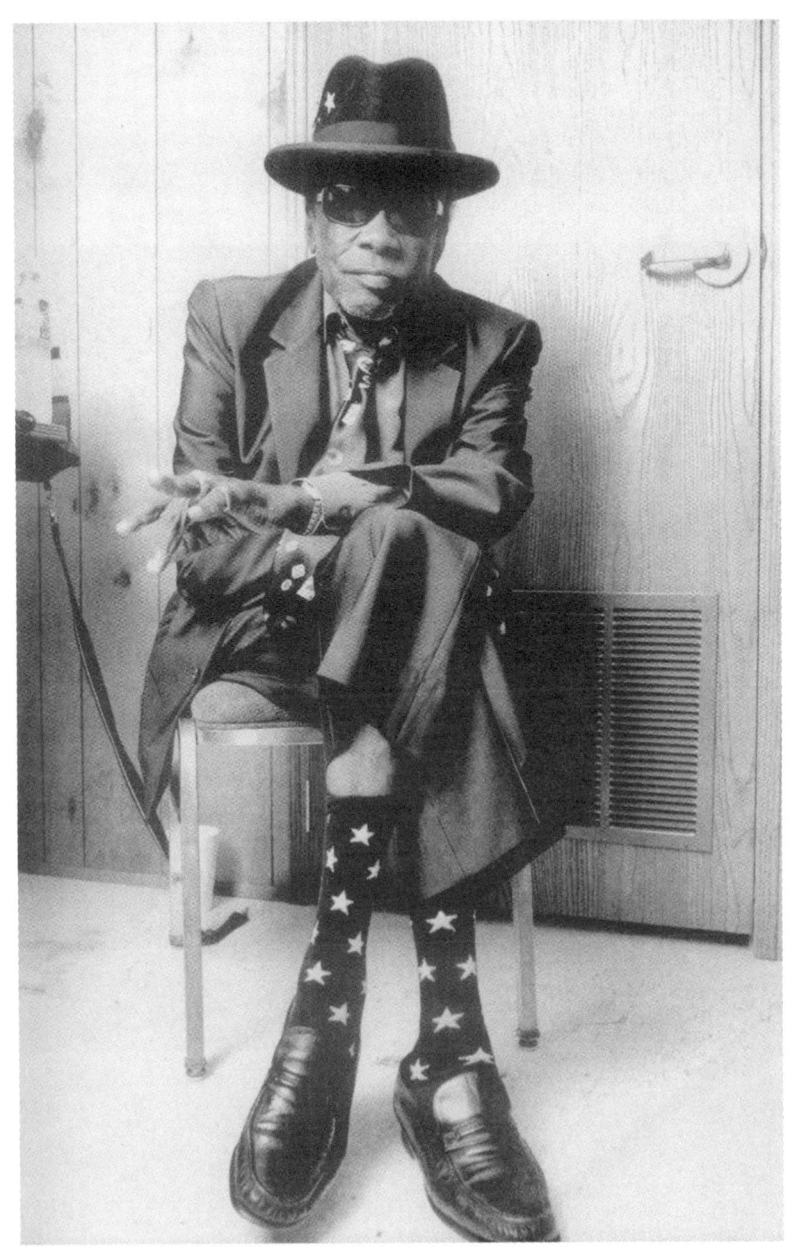

约翰·李·胡克，布鲁斯诗人里最自由的一位

我和我的兄弟小威尔斯

卷发时代的我

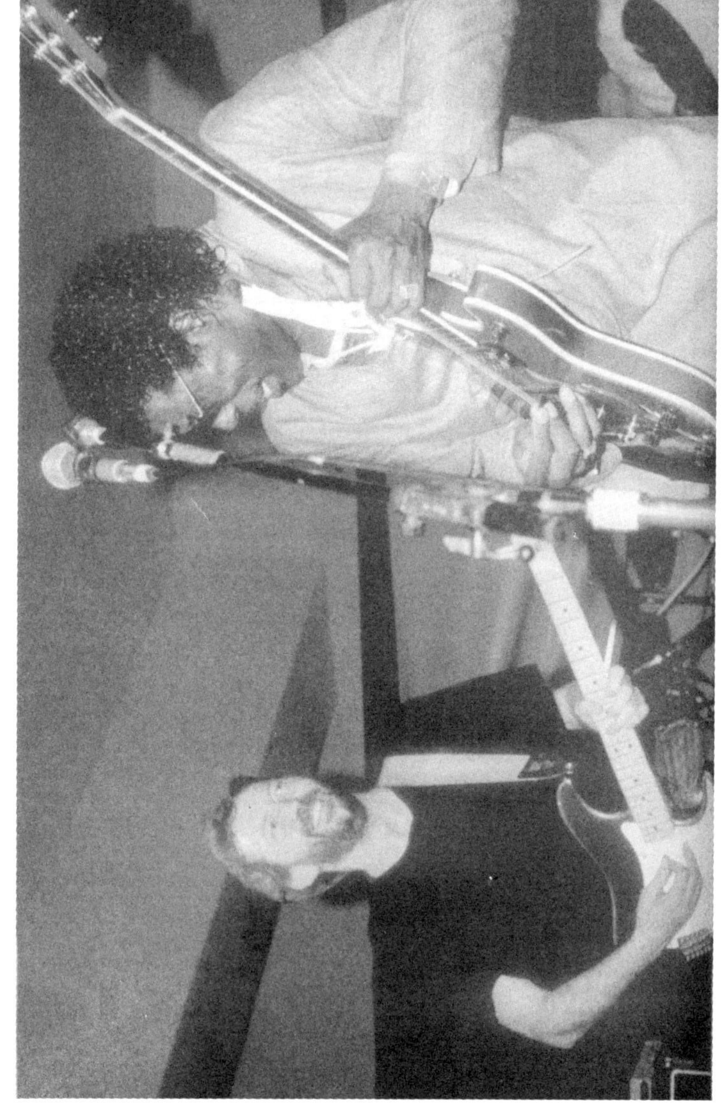

埃里克·克莱普顿，我永远的朋友

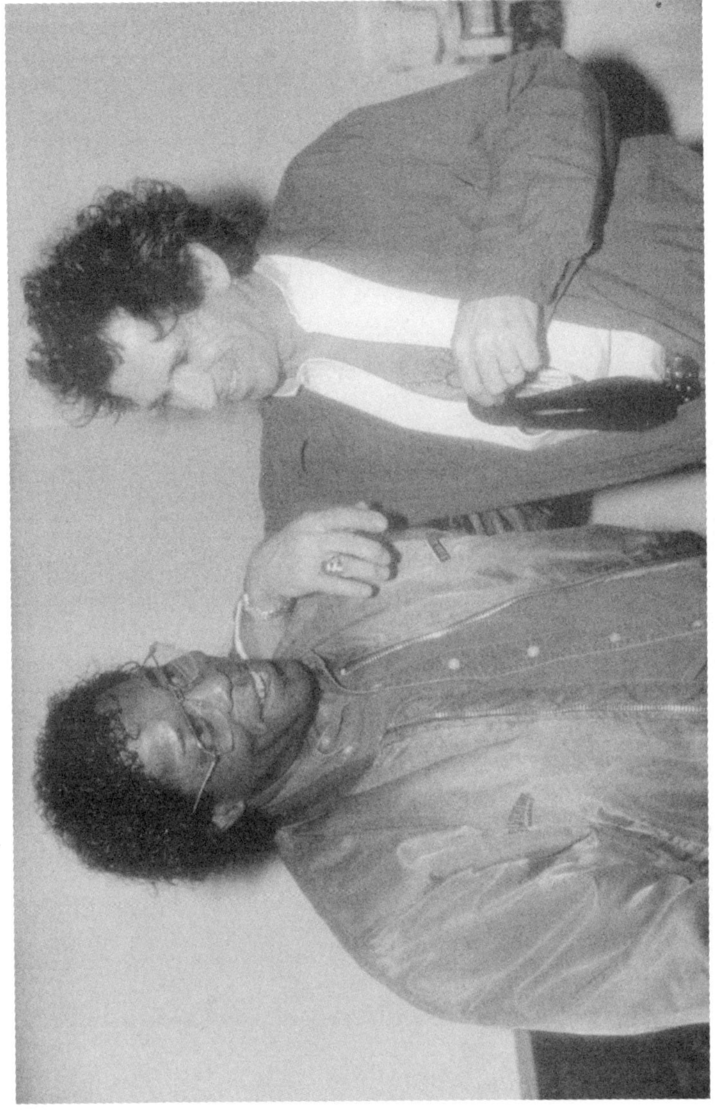

基思·理查兹，我忠诚的朋友

克利福德·安通，一个改变了许多事的男人

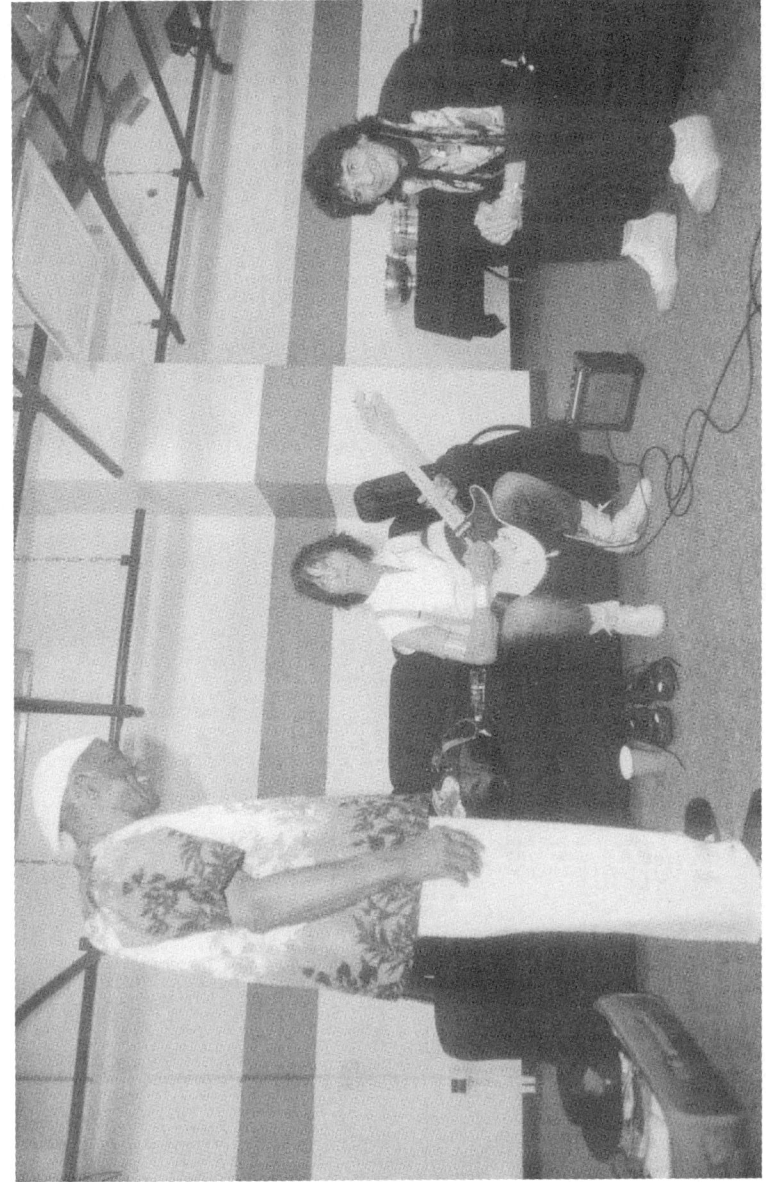

杰夫·贝克和罗尼·伍德，同游者

乔尼·朗、我和罗尼·伍德，三代同堂

罗伯特·克雷帮助推动了布鲁斯的发展

比比·金，我最好的朋友

在我的俱乐部“巴迪·盖伊的传奇”里

连衫裤时代的我

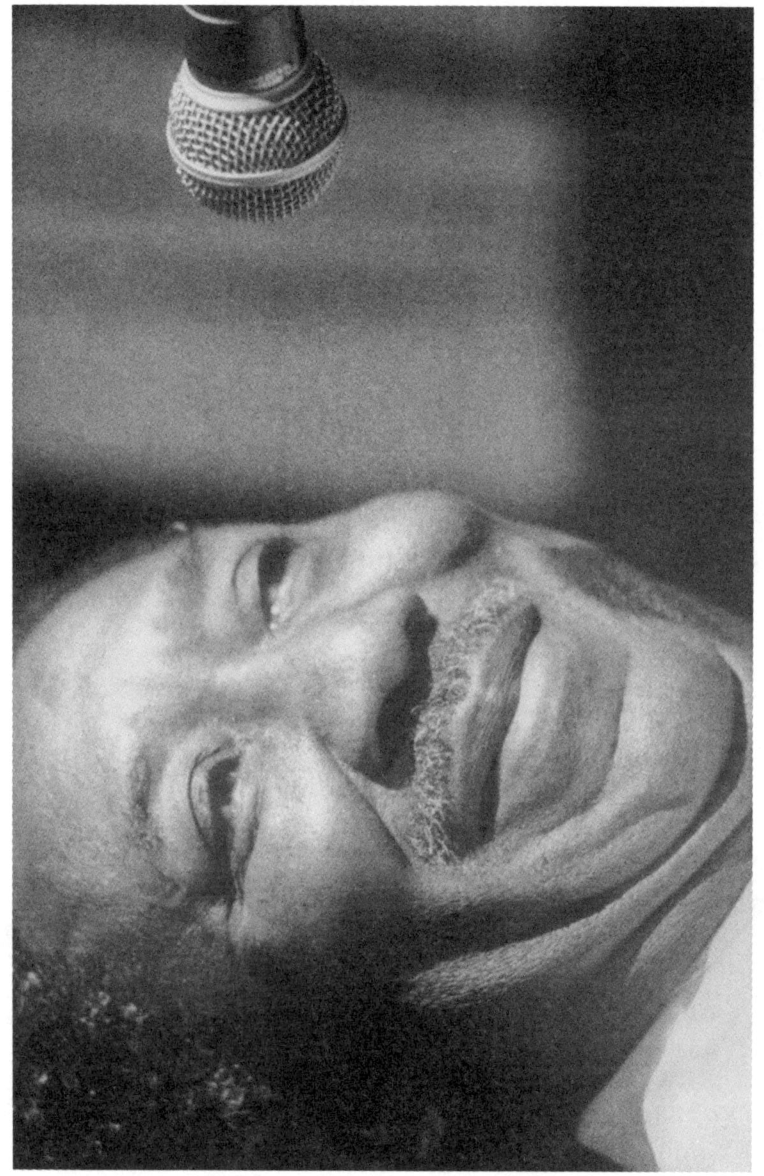

马迪·沃特斯，我最真挚的朋友

我亲爱的父亲

离家之日

1957 年 9 月 25 日

我把这一天当我的生日看，事实上，它是我的第二生日。这一天我重生了。我挥别了路易斯安那。1957 年 9 月 25 日是我人生的分水岭。

我和家人道别，请姐夫鲍勃送我去新奥尔良以北的第一个火车站点——哈蒙德站。我的全部行头是一个行李箱，几件衣服，一首小样和一把吉普森“莱斯·保罗”型电吉他。

“你没有大衣?”鲍勃看着我带的薄风衣问。

“是啊。”我说。

“你会冻死的。”

“不会。”我说。

“你压根不知道等待你的是什么，孩子。”

“没人在等我，”我说，“这让我心里不踏实。”

“你没‘矮子’的地址?”

“只有这个。”

“嗯，‘矮子’不错的。他会照应你的，你能省点钱，是吧?”

“希望能多省点。”我的口袋里捂着 600 美金。两年的全部积蓄。

汽车驶入哈蒙德站，我跳下鲍勃的车，向他道谢。他调转车头，驶离了我。

我独自上路了。

星期天的清晨，时候还早，列车上人不多，我在一个靠窗的座位坐下。我既高兴又忧伤。高兴的是，我终于前往梦中的地方了；忧伤的是，我离开了我爱的家人。我对自己说，“矮子”会靠谱的，我能在芝加哥的大学里找到一份楼宇管理员的差事。我对自己说，找到工作日子就会好过些，我就能去挂着红丝绒窗帘的俱乐部，亲眼目睹马迪、小沃尔特、“桑尼男孩”[1] 和“嚎狼”在宽大的舞台上用动人的弹奏和演唱给每个人带来快乐。我梦想着看到吉米·里德驾着他的豪车经过，摇下车窗向大家招手。回家后我会逢人便说，我终于见到了伟大的吉米·里德。

列车缓缓驶出哈蒙德站，我的心情紧张起来。但我在路上了。

不晓得是谁留下了一份报纸，上面说阿拉斯加将成为美国的第 49 个州，夏威夷将成为美国的第 50 个州。一个白人旅客的晶体管收音机里飘出了“航海者”乐队（The Coasters）的《喋喋不休》（Yakety Yak）。我喜欢这首歌，不禁会心一笑。接下来是佩里·科莫（Perry Como）的《抓住一颗流星》（Catch A Fall-

---

1　本书中的“桑尼男孩”均指“桑尼男孩二世”，全称“桑尼男孩威廉姆森二世”（Sonny Boy Williamson II，1912—1965）。“桑尼男孩威廉姆森二世”和“桑尼男孩威廉姆森一世”（Sonny Boy Williamson I，1914—1948）都是极具影响力的布鲁斯口琴手兼歌手。

ing Star)。佩里的嗓子如牛奶般顺滑，想不喜欢他都难。列车突突地开着，音乐伴它同行。当 DJ 放起《找工作》(Get A Job) 的时候，我知道自己坐对列车了，我的嘴角咧得更开了。

我激动得睡不着，不停地望向窗外，觉得自己从没这么快过。车速快得令人惊颤。飞速后退的大树、灌木、房屋和农田仿佛在向我道别，祝我好运。

下午，列车驶入孟菲斯地界。晶体管收音机里飘出了埃尔维斯·普莱斯利的歌。我记得孟菲斯是他的家乡。后来我才知道，孟菲斯也是比比·金等诸多布鲁斯乐手的家乡。如果当时有人告诉我比比也是孟菲斯人，我一定会下车去找他。埃尔维斯从布鲁斯乐手那儿学到了许多东西，这从他的演唱和舞步可以看出来。报上说他去德国服兵役了，我对他不关心，对这件事也不关心。我关心的是芝加哥。列车在孟菲斯站停了好一会儿，之后继续向北驰去。

还有一大半路程在等着我。还有一个下午和一个晚上需要在列车上度过。孟菲斯站上来了一些旅客，一个男人一屁股在我身边坐下。他皮肤黝黑，穿着灰西装，打着蓝领带。我多留了个心眼，把我的行李箱和吉他放到了膝上。

他睡了过去，我继续看着窗外。列车途经肯塔基驶往印第安纳时，狂风骤起，一场雷暴雨突然袭来。我知道再猛烈的暴风雨也没法把重重的火车刮走，所以我不紧张。我喜欢看着列车在暴风雨中穿行，车厢外电闪雷鸣，车厢内风平浪静。我想起了小时候暴风雨中的木棚屋。暴风雨之声宛若音乐之声。

在印第安纳的什么地方，暴风雨过去了。这时天已经黑了，月光洒向乡间大地。旁边的男人醒了过来，打量了我一番，向我伸出一只手。我握了下，说：“我叫巴迪。”

“詹姆斯。”

“幸会，詹姆斯。”

“幸会，巴迪。我睡着时错过了什么么?”

“没啥，先生，就是一场暴风雨。”

“暴风雨都没把我叫醒?”

“是的，先生。”

“好吧，说明我累了。回芝加哥真好。”

“你家在那儿?”

“我在芝加哥待了 10 年了。”

“我也去那儿。”我说。

“你从孟菲斯来?”

“路易斯安那。”

“你是要移居芝加哥?”

“有这个打算。”

“我老家在密西西比，我们是奇怪的鸟儿，是吧?”

“啥意思?”我问道。

“鸟儿会在冬天迁徙到南方，可我们却朝北方迁徙。我们反过来了。”

“你说的没错。”我说。

“你带着一把吉他。”

“是的，先生。”

“你靠这把吉他闯芝加哥?”

“不，先生，就是弹着玩的。我在巴吞鲁日的俱乐部演过，不过这次打算在芝加哥的大学里找份楼宇管理员的工作。我以前在路易斯安那州立大学上班。”

“知道路易斯安那州立大学，很大的学校。那份工作还凑合?”

“挺好的，就是薪水低。希望在芝加哥能多挣点。”

“在芝加哥有认识的人么?”

“有一个。我有他的地址。”

我掏出写有“矮子”地址的纸条：“建伍路4719号。”

“知道在哪儿?”他问。

“不知道，你知道吗?”

“我在多尔切斯特站（Dorchester Station）下车，你最好跟我一起下。我帮你找。”

“太谢谢你了。芝加哥人都像你这么好吗?”

“不，大多数芝加哥人冷若冰霜。”

列车驶入多尔切斯特站时夜已深。我跟着詹姆斯走出车站。这个夜晚有些凉，但不冷。

芝加哥！我在伟大的芝加哥了！

空气的味道不像莱茨沃斯或巴吞鲁日。这是一股陌生的味道。

“你能闻到钢厂和屠宰场，”詹姆斯说，“它们24小时全天候运转。你每时每刻都能看到浓浓的烟雾从烟囱里喷薄而出。你得习惯它们。你要去哪儿来着，巴迪?”

我紧紧攥着写有“矮子”地址的纸条，攥得手指发痛。如果我失去了它，我就失去了一切。“建伍路，”我说，“建伍路4719号。”

“我们现在在 63 街，建伍路在 47 街，走一会儿就到。你不介意走过去吧？”

“不介意，先生。”

第一次行走在芝加哥的水泥路上，我就听到了从远处飘来的音乐。不知道它们来自收音机、电唱机还是俱乐部。随着音乐声越来越近，我愈发确信它来自现场。突然间，我看到街对面有一家俱乐部。它的大门敞开着，我听到的布鲁斯正是从那里面喷涌而出的。我的心跳开始加速，我的血液开始沸腾，我竭力克制着奔向街对面的冲动。

詹姆斯感觉到了我的情绪，他微笑着说：“嘿，我知道你迫不及待地想拥抱音乐，但你最好先安顿下来，适应这座城市。这一带的俱乐部我不了解，不过这一家可能很乱。”

“我去过很多家俱乐部。”我说。

“这儿的俱乐部和你们那儿的不一样，巴迪。太不一样了。”

随着激烈的吉他声渐行渐远，一个念头在我脑海里不断闪现：我刚才听到的是马迪·沃特斯么？告诉老爸，来到芝加哥的头一个晚上就听到了马迪·沃特斯也太酷了吧？

过了一会儿，我们走到了建伍路 4719 号。

“到了，”詹姆斯说，“祝你一切顺利。”

“真不知道该怎么感谢您。”

詹姆斯转身要离开的时候，我观察了下公寓楼的大门，上面的按钮把我看糊涂了。

“詹姆斯，”我说，“能再帮我一个忙么？”

“当然。”

“这些按钮是啥玩意儿？”

“门铃。它们是蜂鸣器，用来呼叫里面的住户。找到你朋友的名字，旁边的那个按钮就是他家的门铃。”

“怎么使用呢?”

“你没见过门铃?”

“我们那儿没有。”

“按一下，你朋友就能听到。”

我觉得自己好蠢，连这个都不知道。

“不好意思又麻烦您了，詹姆斯。”

“没关系，巴迪。你还会见到许多你从没见过的东西。”

詹姆斯走了。我忐忑地按了下门铃。没有动静。等了三四分钟后，我又按了一下。依然没有动静。第三次按的时候，我的手指在门铃上停留了一会。

“谁他妈在楼下按铃?”

声音从六楼的一扇窗户传来。

“是你吗，‘矮子’?”我问道。

“谁啊?”

“巴迪。老家的巴迪·盖伊。”

“巴迪·盖伊? 真的是你?”

“巴迪·盖伊本尊。”我说。

“上来吧，六楼634室。”

我走进公寓楼。到处是猫尿味。我气喘吁吁地跑到六楼，穿过长长的走廊，找到了634。门开了，“矮子”站在门口，身上只穿着一条内裤。

“把行李箱放下，”他说，“厕所在走廊尽头，尽管用。很高兴见到你，巴迪，但我得继续睡了。现在几点了?”

“刚过半夜。”

我环顾了一下这间公寓。就一间屋，里面有一台小冰箱、一个洗涤槽和一张床。

“我睡哪儿?”我问“矮子”。

“只有一张床。我上班后你可以睡，你得等我起床。”

“你几点起床?”

“5 点。”

“我在哪儿等?”

“外头有些通宵营业的咖啡馆，买杯咖啡，你就能坐那儿等。”

“我的东西放这儿安全?”我问道。

“非常安全，”“矮子”说，“我枕边有枪。”

“这儿人人都有枪?”

“有脑子的人都有。”“矮子”说。

我跑去上厕所。厕所的灯亮着，里面有人。我在外面等。一阵冲水声后，一个大个子女人走了出来。她上上下下打量了我一番，然后走开了。厕所又小又臭，我匆匆上完便朝楼下走去。

我站在公寓楼大门前，不知道最近的咖啡馆该往哪边走。我想问“矮子”来着，但一想还是算了——他看上去那么疲倦，我不想再吵醒他一次。我决定自己去找。走了七八个街区后，我看到一家店铺的窗户里投射出黄色的灯光。走近一看，是一家小餐馆，里面有个白人在炒鸡蛋。我饿得直流口水，但又担心钱花得太快。店里空空的，就坐着两个黑人女子，聊得很大声，一脸兴奋的样子。我走到吧台前坐下。

“来点什么?”

“一杯咖啡，谢谢。”

“就来。”

他往一只奶油色咖啡杯里倒咖啡。我往里面加了奶和糖，真好喝，真甜。他把炒好的鸡蛋端给那两个黑妞。她俩狼吞虎咽地一扫而空，像是一个星期没吃饭了。吃完后，她俩没有走向店门，而是走向了我。

“要伴么?”其中一个问道。

我一时没听明白，不过很快就反应了过来。她俩是妓女。

“嗯?”她问。

“不了，谢谢。”

“花不了你多少钱，看你年轻又可爱的。”

“嗯，夫人，”我说，“我还是在这儿呆着吧。”

她俩长得挺美，就是眼睛有些无情。看上去比我大十岁，甚至十五岁。她俩的身材很棒，个子矮的那个拥有傲人的胸部，我的目光情不自禁地被吸引了过去；个子高的那个虽然是平胸，屁股却相当诱人。我没法不注意到她的翘臀。

“你确定?” “大胸脯”问道，“我们两个随你挑。之前嫖过么?”

“不了，夫人。”

“喔，你一定刚来这里。”

“是的，刚刚到。”

她咧嘴笑了：“我们为你办个欢迎派对怎样？一定让你永生难忘。”

“别了，我还是继续喝我的咖啡吧。”

“你叫什么来着?”她问。

“巴迪。巴迪·盖伊。”

“好吧，巴迪·盖伊先生。继续喝你的咖啡吧，不过我们就在这一带工作，一直都在，当你孤单的时候有我们在。我们回头来找你。”

“谢谢您，夫人，”我说，“衷心谢谢您。”

离家之后

“矮子”

“矮子”是个很棒的家伙，就是每喝必多。没钱买酒的时候，他就去迈克尔·里斯医院（Michael Reese Hospital）卖一品脱血，换取5美元酒钱。一品脱杜松子酒售价90美分，这笔酒钱够他快活上一阵子。“矮子”喝酒时喜欢跳舞，少不了要我弹琴助兴。弹着弹着他人就没了，留下我和我的吉他孤独相伴。这没什么不好，如此，我就能在他的床上睡个一时半会儿——我需要休息，整夜整夜地泡在咖啡馆里让我身心俱疲。

也没有人带我去看马迪·沃特斯、小沃尔特或“嚎狼”。我把所有的沮丧都埋在心底——害羞依然主宰着我的性格。我也害怕“矮子”让我卷铺盖走人，所以表现得非常懂事。举个例子，“矮子”的朋友过来玩时会对我说：“巴迪，去给我们买点威士忌。”我马上就去买了，因为“矮子”收留了我。这样的事儿我干过不少。我不希望别人生我的气，尤其是“矮子”。

我每天晚上出来溜达，等“矮子”起床后再回去睡觉。这样的日子持续了几周后，我邂逅了一个叫乔伊斯的女人。她对我有意思。她告诉我如何乘巴士、搭地铁，向我解释这座城市的布局和分区。

“你现在在南区，”她说，“南区和西区是黑人的地盘，北区是白人的。”

“音乐呢?”我问道，“哪儿是布鲁斯乐手的地盘?”

“南区和西区。白人对布鲁斯不感兴趣。”

我在南方时就已经知道白人对布鲁斯不感冒，所以当她告诉我这儿的白人不喜欢布鲁斯时，我并不觉得惊讶。

乔伊斯带我乘了地铁之后，我更有胆量外出了。我观察着这座北方都市。卢普区是市中心，高楼大厦和百货商店云集于此。从没见过这样的地方，从没见过那么多的人。他们忙忙碌碌，看起来都有地方要去，口袋里都鼓鼓囊囊。我喜欢沿着湖边散步，闻湖水的味道，由着风儿打在脸上。我想忘却内心的忧虑，这不容易，它们是那么深切。

10 月的风儿变得寒冷，而让我更觉寒意的是找工作四处碰壁。好不容易才找到一家需要勤杂工的大学，然而他们对我兴趣不大。有两家加油站需要拖车司机，但当他们问我是否熟悉这座城市时，我只能回答说不。

“你得熟悉这座城市的道路。”一家加油站的老板说。

“我的方向感很好，”我说，“过两个礼拜就熟悉了。”

“等不了两个礼拜，现在就要人。”

我回到“矮子”的单间公寓，耐心等待良机。和芝加哥南区成百上千的公寓楼一样，“矮子”住的那栋建成时里面清一色是大公寓。随着越来越多的人从南方涌入这座城市，房东们开始把一套公寓隔成几个单间，以收取更多的房租。原先一层楼只有

4 套公寓，后来变成 20 个单间公寓。有的单间公寓里，一家 10 口像沙丁鱼罐头一样挤在一起。这让我十分惊讶。我来自乡下，住惯了宽敞的地方。

尽管单间公寓很不怎么样，我仍然希望能拥有一间。整宿地在街上转悠，“矮子”起床后才有觉睡的日子我真的受够了。

见工作的事迟迟没有着落，我把目光投向了那盘在 WXOK 电台录的小样。我原打算先在大学或加油站找到工作，然后再去追逐音乐梦，如同我在巴吞鲁日做的一样。但计划有变。我决定去一趟切斯唱片，让莱昂纳德·切斯先生听听我的小样。

我穿着在路易斯安那演出时穿的绿夹克，一手拎着吉普森，一手拿着开盘带，奔赴南密歇根大街 2120 号。这是切斯唱片的办公室和录音棚所在地。我既紧张又兴奋。兴许能撞到马迪·沃特斯。想到雷·麦道斯认识莱昂纳德·切斯并帮我写了一封推荐信，我的心中燃起了希望之火。

我以为我会看到一座恢宏的建筑，要知道，马迪·沃特斯、小沃尔特、“嚎狼”、“桑尼男孩”和吉米·罗杰斯（Jimmy Rogers）的传世唱片就诞生于此。然而我错了。映入眼帘的是一座其貌不扬的小楼。我打开前门，见一位接待员坐在一张桌子后面。切斯唱片的办公室完全不值得大书特书。

“我能为您效劳吗?”她问。

“我来见莱昂纳德·切斯先生。”

“预约了吗?”

“没有，夫人，但我带了盘小样过来。”

“见切斯先生得先预约。”

“我知道…但…我先自我介绍一下，我是巴迪·盖伊先生，来自巴吞鲁日。事实上我来自莱茨沃斯，不过来芝加哥前住在巴吞鲁日。巴吞鲁日 WXOK 电台的 DJ 雷·麦道斯和切斯先生很熟，是多年的合作伙伴。雷觉得我的这首《宝贝，你不想回家么》很棒，所以写了封推荐信，让我交给切斯先生。”

“那是把吉普森‘莱斯·保罗’?”一个男人走了进来。他自己也拎着一把吉他。

“是的，先生。”我说。

“它很爽吧！一直想要这款琴呢。我是来录音的，借我用下行不?”

“你不会占为己有吧?”

他笑着向我伸出手：“我叫韦恩·班尼特（Wayne Bennett），他娘的，我才不会偷你的吉他，就是向你借用一下。进来听我们录音吧，录完了你就把吉他带走。”

“没问题，不过我是来见切斯先生的。”

“莱昂纳德也在棚里，我们的录音由他负责，这里的一切都由他负责，他是我们的头儿。收工后你可以和他聊聊。”

“太棒了，”我说，“既然这样，琴拿去用吧。”

我跟着韦恩·班尼特走进录音棚，他把我的吉他接好后弹了起来，仿佛那是他自己的琴。班尼特前来为“西班牙猎犬”（The Spaniels）录吉他。“西班牙猎犬”是一支嘟·喔普[1]演唱组，我听过他们的热门曲《晚安，甜心，晚安》（Goodnite, Sweetheart, Goodnite）。他们天衣无缝的和声令我着迷。班尼特

1 Doo-wop，一种音乐类型，上世纪 40 年代发源于纽约、费城、芝加哥等美国大城市的黑人社区，于 50 年代和 60 年代初期跃入主流，对 60 年代的灵魂乐、流行乐和摇滚乐都产生了影响。

面前有一个谱架，他看着谱子弹吉他。他的识谱能力很强。我只有羡慕他的份，因为我不识谱，一个音符都不认识。他们录得飞快，接连录好了三四首歌。控制室里坐着一个白人，他们偶尔会停下来，听从他的指点。我估计他就是莱昂纳德·切斯。我很想看看他长什么样，但角度始终不够好。我听到他说："快一点。"然后他又说："太快了，慢一点。"对于某段吉他 solo 应该怎么处理，他会发表自己的见解。

我一声没吭。我连个小角色都算不上。录完最后一个音符，班尼特把吉他递给我说："谢了，老弟，这把琴很有感觉。"

"能把我介绍给切斯先生吗？"我问道。

"当然可以。"

我们走进控制室，莱昂纳德·切斯已经走了。我们来到他的办公室，门关着。班尼特敲了两下，没有人应门。他又敲了两下。"现在没空！"屋里传出一声大吼。

"下次再来吧，回头见。"班尼特对我说。

我走到接待员面前说："能帮我把这盘小样和这封信交给莱昂纳德·切斯先生吗？"

"我尽量吧。"

石沉大海。

切斯一定懒得去听。我深感失望，不过亲耳听到韦恩·班尼特弹奏，亲眼见到"西班牙猎犬"录唱还是挺开心的。

回去的路上，我问自己能学会识谱，继而成为录音乐手么？答案是不能。这里是芝加哥，我跟他们不是一个重量级。我还是尽快熟悉街道，争取早日重操旧业，做个拖车司机吧。

708

芝加哥的冬天是个婊子，从湖上呼啸而来的寒风能冻僵你体内的每个血细胞。你到了芝加哥才能体会到什么叫彻骨的冷。而假若你数月来四处奔走都找不到一份工作，到处遇上说你不够格的人，寒冷便会从骨头浸入心底。你开始想念温暖的路易斯安那和妈妈做的饭菜。你的内心开始动摇：我是否真的属于这里？这丁点钱还能维持多久？

我的盘缠一点点地用光了。我不会说“矮子”的坏话，没有他就没有这次芝加哥之旅。是“矮子”把我带到了这里，我对他永远心存感激。起初他说会带着我跑这跑那找活干，然而他最终没有这么做。他有他自己的生活，我十分理解。

我自尊心向来很强，年轻时就是这样。乞讨或借钱这种事我干不出来。从来都不喜欢求人。但自尊心不能当饭吃。时值1958年隆冬，我来芝加哥已五月有余，自尊让我饿得命都快没了。我有两天多没吃上一顿饱饭了。我身无分文，提着吉他走在南区的街头，思量着跟谁借一个10美分的钢镚儿。我需要打电话给爸爸，让他给我买张回家的车票。我已准备好咽下自尊。

晚上七点钟，一个男人叫住我："是你的吉他?"

"是的，先生。"

"会弹么?"

"会的，先生。"

"给我来段布鲁斯，我就给你买杯酒。"

"一个汉堡包怎样？我几天没吃东西了。"

"汉堡包不行，"他说，"汉堡包不管用。"

"为什么?"

"你懂狗么?"

"一点点。"

"你给狗一块大肥肉，它就不会去猎食。一只饥肠辘辘的狗就是另外一回事了。它将整夜整夜地猎食。"

他的逻辑无可争辩，但我依旧饿得要死。

"愿意么?"他问道。

"行吧。"我说。

我们走进一间酒吧，他给我买了杯廉价的葡萄酒。我抱起吉他唱起吉米·里德。周围的人全都开始鼓掌。

"不错，"男人说，"去我家吧，让我老婆也听听。"

于是去他家见他老婆。

"亲爱的，这个年轻人弹吉米·里德简直神了。你听听。"

我才奏出几个音符，他老婆就会心地笑了。她开了瓶杜松子酒，让我来一口。

"我们应该带他去 708 俱乐部，"男人说，"这主意不坏吧，亲爱的?"

“好主意。”他老婆说。

我们走入夜色中，朝708俱乐部走去。708是芝加哥南区最火的布鲁斯俱乐部之一。里面挤满了人。那时候的布鲁斯俱乐部总是挤满了人。这是因为钢厂和屠宰场里总是忙得热火朝天，工人们下班后，只想尽快来点烈酒和电声布鲁斯。他们想放松一下，烈酒和布鲁斯能帮助他们放松。

那晚的烈酒和布鲁斯也帮我放松了下来。一杯酒下肚后，我饿得快要发疯，同时又嗨得飘飘欲仙。舞台上，一支乐队在演奏一种强劲而直接的布鲁斯。主角在弹吉他。他的吉他在燃烧。老天，他太牛逼了。我走近时，看到他是左撇子。但他弹的不是为左撇子专门设计的左手吉他，而是拿右手吉他直接颠倒过来反着弹。他弹得超级棒！他们演奏的是《戒不掉你，宝贝》(I Can't Quit You，Baby)，我从收音机里听到过。

“那是奥蒂斯·拉什（Otis Rush）。”男人的老婆说。

“嘿，奥蒂斯·拉什！”一曲奏罢，她丈夫尖叫道，“这儿有个黑鬼，能弹得你满地找牙。”

“他有吉他么?”奥蒂斯大喊道。

“他有!”

“好，让他上来，让我们瞧瞧他怎么个弹得我满地找牙。”

没喝酒的话，借我一百个胆都不会上台。但我喝了酒。借着酒劲，我飞奔上了舞台。

那时候，即便是奥蒂斯·拉什这样的顶尖吉他手也是坐着弹奏。他们的面前有乐谱架，我害怕他让我照着谱子弹。但当我定睛看向乐谱架时，发现上面空空如也。原来是做做样子的。我大大地舒了一口气。

“弹点什么呢，小子？”奥蒂斯问道。

“‘苗条吉他’。”我说。

“《我以前做的事》？”

“是的，先生。”

“你起个头，我跟着你走。”奥蒂斯说。

我起了头，然而奥蒂斯并没有跟着我弹奏。他由着我撒野。他不得不由着我撒野。没有任何力量可以阻止我撒野。瞧，“苗条吉他”的灵魂进入了我的灵魂。不单是灵魂，还有表演技能。我不会坐下，我不能坐下。前奏弹毕，我走到舞台边缘，一跃纵入观众中，一如我所看到的“苗条吉他”。

人们陷入了疯狂。

“那个黑鬼是谁？”我听到一个家伙说，“他打哪儿来？”

“不晓得，”另一个家伙说，“但他让奥蒂斯犯愁了。”

真实情况是，奥蒂斯在鼓动我。他鼓动我把吉他举头上弹，放背后弹，一如我所看到的“苗条吉他”。我越这么弹，观众就越热烈。

回首过往，我承认那一刻我疯魔了。也许是因为我害怕又绝望。也许是因为我知道，我的人生取决于我能不能掀翻这家俱乐部，直到观众忘不了我。

除了“苗条吉他”的灵魂，还有其他灵魂进入了我的躯壳。他们过去管烈酒叫“灵魂”（Spirits），这种灵魂紧紧地抓住了我。这也是我第一次在芝加哥布鲁斯观众前演奏。他们辛苦劳作了一天，想忘却炼钢和宰牛带来的痛楚。他们希望立刻得到快乐。他们希望音乐载着他们飞离这个操蛋的世界，进入一个美丽新世界。我感觉到他们在对我说：**继续飚！亮出来！疯起来！让**

我嗨！我听到了他们的呼声，我想回应他们，把他们想要的交给他们。

他们疯了，但疯得过瘾。

俱乐部老板，一个名叫本·戈尔德（Ben Gold）的白人感受到了他们的疯狂。他走向电话，拨通了一个号码。他要话筒那头的人赶紧过来听我弹奏。

那个人及时赶到，听到了我演奏的最后两曲。我依然浮在云端。我浑身是汗，精疲力竭，饥饿难耐，然而却感受到了自多尔切斯特站下车后从未有过的快乐。我终于说出了我想说的话。

本·戈尔德走到我身边说："有人要见你。"

"谁?"

"马迪（mud）。"

起先我没听明白。疲惫又烦躁的我以为他说的是："有人要劫（mug）你。"我在老家时听说过芝加哥的杀人抢劫案。抢劫犯先对着你脑袋来一枪，然后抢走你的钱。我身上没钱可劫，可我不想死。

"我不想被劫。"我对戈尔德说。

"不是劫，是马迪，"他解释道，"我说的是马迪·沃特斯。他想见你。"

"马迪·沃特斯？唱《胡奇库奇男人》的马迪·沃特斯?"我问道。

"是他。"

"他人呢?"

"去他车里找他吧。红色雪佛兰休旅。"

"你确定没人要劫我?"我得问清楚。

“确定。去吧。”

簇新的雪佛兰休旅车，鲜艳的樱桃红色。一个男人坐在后座。是马迪·沃特斯，我看过很多张他的照片。我的心怦怦直跳。我打开车门，钻了进去。他朝里挪了挪，给我腾出地方。我感觉自己升入了天堂。

我首先注意到的是马迪鼓起的腮帮子。他的皮肤黝黑发亮，他的牛铃大眼闪烁着光芒。他的眼神告诉我，他今晚的心情很不错。他的头发很酷，闪闪发亮，有型地堆在头上。

他说的第一句话是：“你爱吃萨拉米香肠？”

“我什么都爱吃。”我说。

“我看你饿了。”

“肚子饿得不像话了。”

“嗯，我给你带了一条面包和几根萨拉米香肠。我这就做个三明治给你吃。”

“太感谢了。”

“你从哪儿来？”

“路易斯安那。”

“他们告诉我你叫啥了，但我忘了。”

“巴迪·盖伊。”

“你是乡下孩子？”

“是的，先生。”

“我想是。你先是摘棉花，然后弹吉他。”他微笑着说。

“是的，先生。”

“和我一样，”马迪说，“摘过多年棉花，弹吉他再累都不算个事儿。”

“我不会嫌弹吉他累。”

“你不会嫌萨拉米香肠不好吃。犹太熟食店的人特意为我切的。尝尝。”

他递给我一个三明治。他刚做的。我狼吞虎咽地吃了下去。从没吃过那么好吃的东西。

“‘闪电苗条’不就在路易斯安那么？那儿不是他的地盘么？”

“是的，先生，我最先听到的就是他。”

“还有埃迪·琼斯（Eddie Jones），”马迪说，“他也在路易斯安那。我知道你听过他的歌。”

“没听过啊。”

“你刚才弹了首他的歌。”

“哪一首？”

“《我以前做的事》。”

“那是‘苗条吉他’。”

“他本名叫埃迪·琼斯。”

“哦，这样。”

“他有一根巨长的吉他连接线。他爱跳来跳去。我看你也喜欢。”

“以前不这样。今晚我打算离开芝加哥了。”

“你不想离开。”

“我不想挨饿。”

“嗯，我给你萨拉米香肠了，不是吗？”

“是的，先生。谢谢您。”

马迪说话的时候，我的脚不由自主地打起了拍子。的确如此。我随着他的话语，用脚轻敲着节拍。他说话就跟唱歌似的。

头一回遇到能把话语变成歌曲的人。

“我带来的萨拉米香肠足够我俩吃了。我用演奏布鲁斯挣来的钱买的萨拉米香肠。我做的一切就是演奏布鲁斯。我开过卡车，过去式了。现在只有布鲁斯。我知道你想找份弹布鲁斯的活儿。我从你眼睛里看出来了。没那么容易。找到这份活儿没那么容易。”

“我去切斯唱片试了试运气，”我说，“在那儿，我遇到一个叫韦恩·班尼特的吉他手，能照着他们给的乐谱弹。我不识谱。”

“我也不识谱。别为这个纠结。有双好耳朵就行。你找到活儿没，随便什么活儿？”

“找了几个月了，一无所获。”

“你终于找到一份活儿了。”

“啊？”

“本·戈尔德不是傻子。他会给你一个饭碗，因为你点燃了观众的热情。观众的热情一燃起来就想痛饮。”

“真够怪的，”我说，“今晚我准备打电话回家，让我爸帮我买张回程车票的。”

“今晚你找到了一个新家。”

回“矮子”家的路上，我高兴得飘飘然。

我不仅找到了一个新家，还找到了一个新爸爸，他的名字叫马迪·沃特斯。

路易斯安那来的疯狂小黑鬼

找不着北的日子成了过去式。708 俱乐部那一晚后，我开始找到我自己。芝加哥的粗野观众喜欢我。当然，我不能在别人演出时跳上去演。我需要演出机会。

想跟当时的吉他高手抗衡完全没门儿。我说的是厄尔·胡克（Earl Hooker），滑棒吉他史上最伟大的滑棒吉他手。心智正常的吉他手不会去找厄尔挑战。我说的是奥蒂斯·拉什、“魔力”山姆[1]、弗雷迪·金[2]。他们是大神，是怪兽，是杀手。那么多的“吉他枪手”拎着家伙威风凛凛地走在美国的街头，这样的场景之前没有，之后也不会再有。他们大多不识谱，而那小部分识谱的，诸如韦恩·班尼特和马特·墨菲（Matt Murphy），就能加入雷德·桑德斯（Red Saunders）的爵士大乐队，当比利·埃

1 Magic Sam（1937—1969），芝加哥布鲁斯吉他手，以独特的颤音技巧闻名，弹奏风格影响了很多后世吉他手。

2 Freddie King（1934—1976），极具影响力的美国布鲁斯吉他手，与阿尔伯特·金、比比·金并称电声布鲁斯“三金”。

克斯坦（Billy Eckstine）或黛拉·瑞斯（Della Reese）这样的大明星莅临皇家剧院（Regal Theater）时，为他们司职伴奏。

我承认我会怯场，但我仍努力去赢得关注。周日下午，有些酒吧会举行“吉他对决”，奖品是一品脱威士忌。要是我来得不巧，赶上和厄尔·胡克对决，他会把我彻底击溃。我一点胜算都没有。但有天晚上，当我弹着电吉他从停在酒吧外的一辆车里走出，踏着三英尺深的积雪、顺着150英尺长的“苗条吉他”式电吉他连接线走向酒吧时，我得到了山呼海啸般的回应。观众们尖叫了许久才看到我。当我终于走进大门的时候，酒吧里已经炸开了锅。

“你赢了，”老板递给我一品脱威士忌，“只有你能让他们尖叫成这样。”

一周又一周，我PK掉一个又一个吉他手，赢得了一品脱又一品脱威士忌。不过我一口都没喝到，因为“矮子”跟在我屁股后面。他会在我忘情弹奏的时候，把一品脱酒一口闷。

和其他吉他手不同的是，我从不坐着弹琴，从不在酒吧里面奏响第一个音符。无论是冰雪天还是三伏天，我都是弹着电吉他从室外走进酒吧。我走进男厕所，从里面飙着吉他朝台上走。妈的，我也走进女厕所，从里面飙着吉他朝台上走。我从舞台上一跃而下，坐到落单的美女身边弹奏。我仰面平躺着弹，用牙齿弹，把吉他放在裆下弹。我挥舞着吉他，像是挥舞着一面旗帜。为了让大家喜欢我，我什么该死的花样都玩得出来。

本·戈尔德邀我去708俱乐部演出。赢得那些对决对此亦有帮助。几周后，从路易斯安那来了个疯狂小黑鬼的消息不胫而走。演出酬劳依然少得可怜，一晚上才几块钱，但至少饭钱有着落了。我不用垂头丧气地打道回老家了。不管怎样，我能在芝加哥活下去了。

在这座暴力都市活下去并非易事。两个家伙为了钱或女人大打出手司空见惯。我看到许多和我一样的南方人离开南方的农田，走进城市的工厂。这种变化让人难以适应。妈妈不在你身边，爸爸不在你身边，在你身边的是对你大吼大叫，命令你用力打铁、快点杀牛的老板。你的收入不算低，但你的工作时间长得不像话，工作方式与以前有着天壤之别。你想念蓝色的天空、金色的玉米和白色的棉花。你想念自家园子里种的新鲜蔬菜。你不习惯疯狂的暴风雪，每走两三步就会摔一跟头的冰封路面，还有这儿的音乐——它很棒，但不一样。

我们小时候听到的是木吉他。三五个人坐在里屋或门廊上，听其中一人撩动琴弦。琴声轻柔地低诉着，美妙的布鲁斯从吉他手的心直接淌进了听者的心。柔软的音符抚慰了我们的灵魂。那些木吉他的声音不大——不需要大，每个人都听得见。

仁慈的主啊。芝加哥的吉他是电吉他，琴声从电吉他音箱里扩出来，响亮得跟警报器似的。它需要响亮，因为芝加哥的酒吧吵得不得了——终于下班的人们既兴奋又高兴，想扯着嗓门聊天。他们需要释放。你得把音量旋大才能压住他们的声音。宝贝，你得使劲吼、大声唱。看布鲁斯歌手吼着唱歌真令人兴奋。如果你在 1958 年走进一家芝加哥酒吧，你会激动地热血沸腾。电声布鲁斯仿佛给你打了一注强心针。我爱电声布鲁斯，因为它新，也因为它老。无非是民谣布鲁斯[1]插上了城市电流的翅膀。

---

1 Folk Blues，又译为民间布鲁斯。

我开始喜欢电流，因为我能旋大音量演奏。我没周围的吉他手弹得好，但至少我可以弹得更响，弹得更疯狂。我听到了嗡嗡作响、模糊不清的失真音效，在我看来，它们让吉他音色变得更加令人激动。我不介意以非传统的路数即兴飙琴，音符间的肆意撞击也能为我赢得关注。插电演奏让我踌躇满志。

电声布鲁斯让人们疯狂。西区有家脏乱的布鲁斯俱乐部，叫“梅尔的藏身处”（Mel's Hideaway），里面充斥着粗野的观众。在那儿，我几乎和每一位芝加哥布鲁斯吉他手都合奏过。1960年，弗雷迪·金借用滑棒吉他手“猎狗”泰勒（Hound Dog Taylor）一首代表作的旋律，录制了热门曲《藏身处》[1]，曲名便得名于这家俱乐部。《藏身处》推出后大获成功，不仅让“梅尔的藏身处”扬名天下，也使得弗雷迪·金把我们全都甩在身后，自此成为耀眼的明星。

不过在20世纪50年代，只有爱听布鲁斯的人才知道“梅尔的藏身处”。几乎每个走进这里的男人都随身携带着尖刀、手枪或剃刀。走进这里的女人也都携带着武器，放倒你的速度绝对不亚于男人。男人和女人要么扭胯贴面热舞，要么大吼对方不忠。我总是很小心，听到第一声枪响便迅速卧倒。幸运的是，我避开了“梅尔的藏身处”最危险的年头。一个侍者讲了个他亲历的故事给我听。

一个男人走进来坐到吧台，酒保问：“喝点什么”？

“两杯啤酒、两杯苏格兰威士忌。”

---

1 Hideaway，布鲁斯乐史最著名的器乐曲之一，由弗雷迪·金首录于1960年，此后被不计其数的布鲁斯和摇滚乐手演绎过。

“挺能喝啊。”酒保说。

“今天得多喝点，心情不好。”

“有大麻烦了?”酒保问道。

“老婆挺麻烦的。”男人说。

“这种麻烦是挺糟心的。”

“已经解决啦。”

男人把四杯酒干光，接着又要了两杯。酒保把酒递给他说：“怎么解决的?”

“答案在这个纸袋里。”他说着把一个纸袋放上吧台。

“一个纸袋能把这种麻烦解决掉?”酒保问道。

“朝里看。”他说。

酒保把手伸进纸袋，摸到了一个毛茸茸的东西。

“拉出来。”男人说。

酒保向外一扯，手上多了一个女人的头，鲜血淋漓的。

“干他娘的!”酒保尖叫道。

“跟你说已经解决啦。”男人说。

酒保夺门而出，从此再也没有出现过。

“挤压”(Squeeze)俱乐部又名“一桶血”(Bucket of Blood)。每一座大城市都有一家绰号“一桶血”的俱乐部。有次我在“挤压”演出，一个家伙把碎冰锤生生敲进了另一个家伙的脖子。那人瘫倒在地上，随即就被扔了出去。这一幕看得我直反胃。

条子来的时候，人已经死了，他们连查都没查。对他们来说不过是又死了一个黑鬼。那个年头，条子眼里只有贿赂。开车被条子拦下来，塞给他们五美元就行。根本不想看你的驾照。那会儿太乱了。

你要是玩过火了，俱乐部的大块头保安会把你扔出去。一个家伙被麦迪逊街西利俱乐部的保安扔了出去。他恼羞成怒，拎着一加仑汽油回来，泼在前门点燃。悲剧的是，那时候没有硬性规定必须要设置安全出口。

有次在“挤压”演，一个家伙跑来冲我嚷道：“黑鬼，信不信我阉了你，我女人你盯够了没。”

我知道自己有麻烦了。问题是我根本不知道谁是他的女人。

“你认错人了，”我说，“我没盯着你女人看。”

“别跟我撒谎，黑鬼。你在上面弹吉他的时候一直盯着我女人看。我今天一定要阉了你。”

我灵机一动，说道：“我不但不要你的女人，连我的女人也归你了，这样你就有两个女人了。”

“你说什么？”

“我再说一遍，我的女人归你了。”

他糊涂了，沉思了一下，接着笑了起来。

“头一回有人把自己的女人拱手送我呢，”他说，“好样的，我请你喝杯啤酒。”

他放过了我，还给我买了杯啤酒。我松了口气，因为他忘了问我拿我的女人——我哪有女人给他。

刚来芝加哥那两年，我没和女人乱来，因为即使她们愿意和我上床，我也没有上床的地方。我不想带她们去“矮子”的单间公寓，谁知道他在还是不在或是会不会突然杀回来。没钱租房也没钱去汽车旅馆开房。女人是奢侈品，我还拥有不起。

708俱乐部是我的第一个根据地。马迪·沃特斯会来这儿看我，给我萨拉米香肠吃，告诉我我弹得好。他笑吟吟地坐着看我弹琴，那个微笑比本·戈尔德给我的几块钱更好使。

1958年底的一个晚上，比比·金驾临708。在他面前弹琴让我紧张得手指打颤。我会冲破一切去看他，然而他跑来看我了。马迪·沃特斯比我大23岁，我视他为父亲，比比·金比我年长11岁，更像是我的大哥。许多布鲁斯乐手性情粗野，但比比性格温和，有一颗柔软的心。他也不像有些吉他手爱夸夸其谈。他简直不能更友好。

“他们说你听起来像我，所以我跑来听个究竟。”他说。

“比比，”我说，“我的功力不足以让我听起来像您。”

“嗯，你弹得不错。我就一个建议，用拇指和食指夹住拨片弹，这样麻烦会小些。”

“闪电”霍普金斯把拨片套在手指上弹。嗯，我接受了比比的建议，一直到今天都是用拇指和食指夹住拨片弹。

“比比，”我说，“您从来不戴滑棒弹。”

“从来没学会。我刚去孟菲斯时住我表哥布卡·怀特（Bukka White）那儿，他有把圆颈（Bottleneck）吉他，当他用粗胖的手指在琴弦上滑来滑去时，老弟，他奏出了最美妙的声音。如果他还想更美妙些，他会戴上滑棒。好吧，我告诉你，巴迪，他不在时我会试着像他那样弹，试着听起来像他，但我做不到。滑棒吉他我玩不来。我只会推弦，让琴声呜咽。你也能推出这种呜咽声。”

“向您偷师的。”我承认道。

“啊，我想向‘丁骨’沃克和朗尼·约翰逊这些前辈偷师来着，但我的功力不足以让我听起来像他们，然后我就找到了自己的声音。”

接着我们聊到了种植园。原来比比·金也是佃农出身，出生于密西西比。他小时候和我一样摘棉花、骑骡子。

“你很出色，”他说，“有什么需要帮忙的尽管开口。”

有些吉他高手即便看到你失血过多，奄奄一息也不会出手相救。他们乐见少了一个敌手。但还有一些吉他高手，诸如比比·金和马迪·沃特斯会尽全力去救你。他们有慷慨的心肠。我想像他们一样。

你可能从书上看到说，芝加哥布鲁斯分为“南区之声”（South Side Sound）和“西区之声”（West Side Sound），但我告诉你这是胡扯。我们哪儿都演。我先是在南区的708俱乐部演奏，后来去了西区的“挤压”俱乐部。

马迪告诉我，他和小沃尔特他们在俱乐部驻场前，经常去靠近西区（Near West Side）的麦克斯威尔街露天演奏。那儿周末有集市，小贩们推着手推车售卖五花八门的东西，从青色的豆子到青色的裤子应有尽有。

马迪说：“我们中午过去，在街边找个地方把设备接好，然后开始弹奏。甭管雨天、雪天还是闷热天，统统照演不误，因为赶集的人们也会照来不误——他们过来买杂物和珠宝，指望着捡到便宜货。在麦克斯威尔街能赚大钱。比起时常上演枪杀砍人戏码的俱乐部，我更喜欢麦克斯威尔街。后来我们不去那儿演了，不过巴迪，想买价廉物美的西装就去那儿，告诉他们是马迪叫你来的。”

我问马迪是不是更喜欢在南区或西区演，他笑着说：“你最好在每个区都演，这没有区别，只要他们付你钱。”

但有次我去西区一家俱乐部演出，因为迟到了五分钟，老板就拒绝付钱。

“你说九点到的。”老板对我说。

“坐错地铁了，就晚了几分钟。”我解释道。

“你的演出费泡汤了。”

我不想回“矮子”家，所以我跟着他走进俱乐部，把电吉他连接线插入电吉他音箱，旋大音量，跳上桌球台，开始激情狂飙。观众陷入了疯狂。老板说：“演得再好也没有演出费。”不跟他争，因为小费够我继续弹下去了。

让我继续弹下去的另一件事是：我能见到我一直梦想见到的布鲁斯大师。

一天晚上，我在“矮子”家睡得死死的。他偶尔会住在情人家，所以我能在他家睡上一两晚。补觉的大好机会。凌晨 3 点，一阵敲门声把我吵醒。是乔伊斯，教我如何乘巴士、搭地铁的那位女士。

“巴迪，”她说，“不想吵醒你的，但我记得你说只要能见吉米·里德一面，你什么都愿意做。我朋友刚从佩珀俱乐部回来，今晚吉米和他的乐队在那儿演出。”

这是我需要听到的一切。我从床上一跃而起，匆匆披上两件衣服，向 43 街的佩珀俱乐部狂奔而去。一定是个美妙的布鲁斯之夜，因为佩珀门前的街上横七竖八地躺着醉醺醺的歌迷。一个家伙醉卧在门口，我得跨过他才能进门。

“吉米·里德在这儿吗?”我问酒保。

“刚才在的，他们已经演完了。”

“我想见到他。我就是想见他一面。”

“你已经见到他了。”

“怎么会?”我问道。

“你刚从他身上跨过去。”

我连忙跑回去仔细打量。酒保说得没错，是吉米·里德。他的脸埋在阴沟里，红色费多拉软呢帽压得皱皱巴巴，人已经醉得失去了知觉。

一只整鸡

我听说布鲁斯吉他好手“魔力”山姆搬来了芝加哥。一个周日的下午，看到我在一场“吉他对决”中接连获胜，赢得第四品脱威士忌时，“魔力”山姆走过来问我：“进棚录过歌么?”

“在老家电台的棚里录过一首小样。”

“然后呢?”

“我把小样交给了莱昂纳德·切斯。”

“切斯喜欢么?”

“他应该没听。”

“是莱昂纳德·切斯的风格。他只听威利·迪克森[1]交给他的小样。”

“威利·迪克森是谁?”

1　Willie Dixon（1915—1992），美国布鲁斯音乐家，早年曾经夺得伊利诺伊州重量级拳击冠军。他擅长演奏立式贝斯和吉他，同时也是歌手、唱片制作人、编曲人和词曲作者。他是芝加哥布鲁斯发展史上的关键人物，布鲁斯音乐史上最重要的词曲作者之一，被认为是布鲁斯和摇滚乐之间的重要纽带。

“贝斯手兼词曲作者，一个会把别人写的歌占为己有的家伙。他在莱昂纳德手下干了多年。”

“也许他能帮到我。”

“我能帮到你，巴迪，”山姆说，“所以我找你来了。威利·迪克森和莱昂纳德·切斯闹翻了，现在在辅佐伊莱·托斯卡诺（Eli Toscano），我的唱片就是伊莱推出的。”

“你在眼镜蛇唱片（Cobra Records）出的那张？”

“伊莱是‘眼镜蛇’的老板。我希望你会会伊莱，还有威利。”

我试图弄清楚“魔力”山姆有何居心。事实上他没有任何居心，纯粹想帮我而已。

我很激动，奥蒂斯·拉什的《戒不掉你，宝贝》就是“眼镜蛇”出的。“魔力”山姆、哈罗德·布拉吉（Harold Burrage）和贝蒂·埃弗雷特（Betty Everett）都在这个厂牌。我在收音机里听过他们的歌，能被电台播放对我来说已经足够。“眼镜蛇”比不上“切斯”，不过没有人带我去“切斯”。突如其来地，“魔力”山姆带我去“眼镜蛇”了。

眼镜蛇唱片位于西区的罗斯福路，所以一些人把“魔力”山姆和奥蒂斯·拉什创造的风格称作“西区之声”。它的门脸是一间唱片店，后面有一个设在车库里的录音棚。走进那间小小的唱片店，我一眼认出了站在柜台后面的男人——我见过他的海报。

“您是哈罗德·布拉吉？”我问道。

“是的。”

“您在这儿卖唱片？”

“是啊，想买么？这儿有我的唱片卖。”

“我是来见‘魔力’山姆的。”

“为什么？”

“他希望我和伊莱谈谈。”

“你想出唱片？”

“是的。”

“伊莱不会帮无名小卒出唱片。”

山姆及时地走了进来：“这家伙不是无名小卒。他是巴迪·盖伊，吉他弹得好，唱得也好。”

“这儿的吉他手和歌手已经够多了。”布拉吉说。他自己就是个好歌手。

“不是这样的。伊莱人呢？”

“他不永远在后头赌钱么？”

过了一会儿，伊莱·托斯卡诺出来了。是个操外国口音的小个子。一直都不知道他原先是哪国人。

“弹吧。”他非常直接。

我弹了比比·金的《甜蜜的十六岁》(Sweet Sixteen)，布拉吉激动地跳上柜台，对着伊莱大喊：“给这个狗娘养的一张唱片约。现在就给!”

“他得先和威利谈谈，”伊莱说，“我听威利的，威利说值得做我就做。”

威利·迪克森带我去一家烧烤餐厅吃烧烤。他点了一只整鸡。我以为他是给我们两人点的，所以自己就没有点。然而盘子端来的时候，他直接用手抓起整鸡撕啃了起来。一眨眼的工夫，他风扫残云地消灭了它。没给我咬一口。这没关系。我对一只整鸡不关心，我关心的是一张唱片。随后，我认识到，威利会像吞掉一整只鸡一样吞掉一整张唱片的词曲署名权。

威利比我大 21 岁，是个大块头，体重至少 300 磅，不过几乎都是肌肉，没有多少脂肪。他挺能说的。这样的人说得越多我越沉默。威利说他什么都干过，谁都认识。他在家乡密西西比看到三 K 党将一个黑人埋进土里，只露个头在外面，然后放狗去咬他。他向我描述了狗把黑人的脸吃掉的情景。他说他是上世纪 40 年代来的芝加哥。他说他为大腕们做了多张唱片。他说如果不是他，没有人会知道切斯唱片。

“你为什么要离开切斯唱片?”我问道。

“钱，孩子，”他说，“说来说去都是一个钱字。我的付出与报酬不符，我做唱片时莱昂纳德又喜欢横加干涉。伊莱则放手让我做，由着我以自己的方式，也是正确的方式去做。听过《戒不掉你，宝贝》?”

“谁都听过。”

“那是我创作的，我编配的，我制作的。”

我第一次听说“制作”这个词，但我没打算问。

“你喜欢奥蒂斯·拉什?”威利问我。

“他很厉害。”

“我让他帮你录吉他。”

“噢，天哪，”我说，“你找他的话就没我什么事了。”

“让他弹二吉他点缀你，我喜欢两把吉他合奏，你们能交相辉映。”

“不知道怎么跟另一把吉他合奏。”

“我教你，我全部教你。”

“我唱谁的歌呢？”

“我的歌多着呢。”

“我自己也有一些音乐动机。”我说。

“弹给我听，巴迪。也许我能把它们发展成歌曲。”

“我能拿到多少钱？”

“孩子，你脑子里挂念的是钱还是唱片？”

“我想出唱片，但你不是说‘说来说去都是一个钱字’么。”

“放心吧，巴迪，录音时准点到就好。”

“什么时候开录？”

“给我几周时间。”

那阵子我在寻找新的演出地点。布鲁斯俱乐部的竞争太激烈了，就算我演得很好，后面也会有人演得更好，然后老板就会叫我走人，把后面那位留下来。

芝加哥的爵士俱乐部跟布鲁斯俱乐部一样多。有些家伙说我能做爵士的场子。我喜欢爵士乐，欣赏爵士吉他手。“丁骨”沃克把爵士融入了布鲁斯，马特·墨菲和韦恩·班尼特玩起爵士来驾轻就熟。他们是奇才，我不是，我做不了爵士的场子。在爵士俱乐部演奏时，大部分时间我都显得手忙脚乱。

一天晚上，滑棒吉他圣手厄尔·胡克对我说：“你在费劲地弹你不会弹的东西。那些东西我也不会弹。”

“您不会弹爵士？”

“不想学会。会把我脑子搞乱。布鲁斯对我来说已经足够。不想这条路走走，那条路走走，只想一条路走到底。到布鲁斯俱乐部里死磕吧，孩子。”

位于 48 街一处地下室的特丽莎俱乐部是南区最大的布鲁斯俱乐部之一。我想在那儿演，所以有天晚上跑过去问老板娘特丽莎·尼德海姆听过我的演奏没。

“能没听过么，”她说，“你昨晚上就在这儿丢人现眼了，弹得跟狗屎一样。”

“昨晚上？昨晚上我没来这儿。”

“昨晚上那个该死的“黑鬼”不是你是谁，把客人全弹跑了。他们诅咒发誓说再也不会来我的地儿。我叫你滚蛋，永远别再回来的。”

“是别人吧？”

“你要跟我吵架？”

我一时语塞。特丽莎一脸凶相，让人望而生畏。她腰间系着一条脏兮兮的围裙，上面有两个口袋，分别装着一把手枪和一把警棍。是个没人敢惹的主儿。

“对不起，夫人，”我温顺地说，“冒昧地说一句，您的俱乐部我是头一回来。昨晚上应该是某个长得像我的家伙冒名顶替。让我弹一首吧，我有没有撒谎立刻就见分晓。”

“一首歌，“黑鬼”，弹完就滚。”

“我能从街上开始弹么？”

“没时间跟你扯淡。赶紧弹，弹完立马消失。”

我把 150 英尺长的电吉他连接线插进电吉他音箱，把音量旋到最大，接着抱着吉他走出了俱乐部。伴着野狗的狂吠，我从大街上昂首走回，使出从“苗条吉他”那儿偷师到的所有招数，奏起鲍比·布兰德（Bobby Bland）的《继续前行》（Further On Up the Road）。

“天杀的，”看到观众疯狂地不能自已，特丽莎问我道，“你昨晚上怎么没这样弹？”

“夫人，我一直在说那不是我。”

“喔，今晚你留下，明晚也来。”

从那时起，特丽莎俱乐部开始被闻风赶来看我的观众挤得满满当当，特丽莎也成了我最忠实的粉丝。收入稳定下来后，我意识到自己有能力租房了。

我搬离了“矮子”家，在南区租了一个单间公寓，离马迪家不远。很小，但我终于有了自己的床。再也不用整宿地在街上溜达，等“矮子”上班后再回去睡了。睡觉是一件多么奢侈的事。

去眼镜蛇唱片录音前的周末，我在米奇酒吧演了一场。中场休息时，我急着去上厕所，请酒吧老板吉米·米切尔帮我看着点吉他。然而当我回来的时候，吉他不见了踪影。我的心扑通一声掉在地上。

“吉米!”我大喊道，“我的吉他呢?”

“别担心，巴迪，没有问题。”

“什么叫没有问题? 我的吉他没了。”

“你的助手拿走的。”

“我的助手? 你知道的，吉米，你知道我没有助手的。”

“他说他是你的助手。”

“他在撒谎，他人呢?”

“从后门走的。”

我撒腿奔向后门。后巷连个鬼影子都没。我的“助手”把我的吉普森“莱斯·保罗”卷跑了。

这一天是周六。录音是下周一。没有吉他就没有唱片。我他妈该怎么办？

我只有一个办法。我需要放下自尊，但有的时候你别无选择。

周日下午，我来到特丽莎俱乐部。老板娘在厨房里忙活，手枪和警棍露在围裙的两个口袋外面。

“你他妈的怎么那么早就来了？回去补个觉，晚上再来。”

我结结巴巴地说：“我……我……”

“你想说什么？”

“我的吉他被他们偷了。”

“被他们什么了？”

“他们偷了我的吉普森。”

“他们他妈的怎么偷到的？”

“那个家伙跟吉米·米切尔说他是我的助手，然后就拎着吉他跑了。”

“吉米·米切尔是个无知的杂种。你打算怎么办？”

“不知道。”

“米切尔不知道吉他是你的面包和黄油？你应该让他给你买一把。”

“他不会买的。”

“小气的王八羔子。”

“周一要进棚录音，没吉他可怎么办。”

“有钱买一把么？”

“没有，夫人。”

“等等，你该不会以为我会给你买吧？”

“不会，夫人。”

“那你来我这儿干嘛?”她叉着腰问道。

“觉着您可能会借钱给我。”

“借多少？”

“一把 Stratocaster 大概要 160 块。”

“Stratocaster 是什么？”

“‘苗条吉他’弹的那种吉他。”

“觉得自己跟‘苗条吉他’一样厉害的巴迪·盖伊想买一把酷吉他。”

“嗯，夫人……”

“别跟我嗯啊嗯的，把这笔该死的钱拿走并尽快还我。你这么弹下去，迟早会比我们都有钱。”

她把手伸进胸罩里，摸出了 160 美金。

眼镜蛇唱片，我来也。

版权？版权是什么？

去伊莱那儿录音前，我去找特丽莎，把一块钱给她。

“这他妈的怎么回事?”她问。

“吉他 159 块。您给了我 160。”

她哈哈大笑道：“你疯了，孩子。我不差这一块钱。”

“是您的钱，夫人，不是我的。”

“让我瞧瞧你的新吉他。”

我把我的日落色芬达 Stratocaster 拿给她看。

“太漂亮了，”她说，“你眼睛里的光芒告诉我，你爱吉他胜过爱美女。”

“会尽快把钱还您。”

“去吧，巴迪，录你的唱片去，期待在收音机里听到你的歌。”

威利带我走进设在车库里的小录音棚。设备美极了，虽然现在回头看，它们真是既原始又简单。就两只麦克风，一只录我的人声和我的吉他，另一只录其他所有乐器：威利·迪克森的贝斯、奥蒂斯·拉什的二吉他、哈罗德·布拉吉的钢琴、奥迪·佩恩（Odie Payne）的鼓，还有麦金莱·伊顿（McKinley Eaton）的低音萨克斯。伊莱·托斯卡诺担任录音师。

“唱什么呢?”我问道。

“感觉怎样，巴迪?”威利问。他在嚼烤排骨，上面的调味酱直往下滴。

“紧张死了，”我说，“都打算坐下来哭一场了。”

“你开了个好头，”威利说，“歌名有了，就叫《坐下来哭一场》(Sit and Cry)。来吧，即兴弹两段布鲁斯。”

“这样就行?”我问道。

“别多想。弹吧，我们跟你后面弹。”

我即兴弹了起来，同时即兴唱起了歌词，哪一句唱卡壳了，威利就帮我把这一句想出来。没有人照着谱子弹，没有人在纸上写下过一个音符。我们录了两遍。没有叠录，也没法做得更精致，那时候的技术不允许。萨克斯吹得真棒。威利说：“听起来不错，巴迪。我们多了一首好歌的版权。”

“版权，”我说，“版权是什么?”

“不用你担心，”威利答道，“就是些文书工作，我帮你搞定。”

“谢谢老哥。”我以为威利是在帮我忙。

我们还需要反面的歌[1]，伊莱·托斯卡诺有了个主意。

“知道奥蒂斯的《戒不掉你，宝贝》有多火?”他问道。

---

1 单曲黑胶唱片通常收录两首歌，正面收录更受欢迎的主打歌，反面收录次要的歌曲。

“非常火。”我说。

“我们做张‘答复唱片’（Answer Record），‘答复唱片’能火。”

“‘答复唱片’是什么？”我问道。

“《和我一起干，安妮》走红后，他们推出了《安妮有了个宝宝》（Annie Had a Baby）作为答复，让它们彼此较劲来着。”威利说。

“既然奥蒂斯唱了首《戒不掉你，宝贝》，你就唱一首《试图戒掉你，宝贝》（Try to Quit You，Baby）作为答复。”伊莱说。

“奥蒂斯不介意就行。”我说。

“我介意个球，除非我没拿到这次录音的劳务费。”奥蒂斯说。

为了让管乐部分更加丰满浑厚，威利动用了两名萨克斯好手——哈罗德·阿什比（Harold Ashby）和鲍勃·尼利（Bob Neely）。我、伊莱和威利共同完成了歌词。在这帮乐手面前演奏让我感觉自己是比比·金了。听着新鲜出炉的小样，我喜笑颜开。

“又多了一首好歌的版权。”威利说。

“电台会播么？”我问道，“巴吞鲁日的 WXOK 电台会播么？这样我妈妈就能听到？”

“极有可能。”威利边填版权表格边说。

两周后，伊莱·托斯卡诺打来电话，要我再录两首歌，于是我回到了眼镜蛇唱片的录音棚。

穿过唱片店走向后面的录音棚时，我看到伊莱和三个家伙在打扑克。我认出其中一位是莱昂纳德·切斯。我想问他听了我的小样没，但我的羞怯又占了上风。而且，我并不需要那盘小样了，我正在录制自己的录音室唱片。

“干，”伊莱扔掉手里的牌，“10G 没了。”

我问刚走进来的威利·迪克森：“10G 是多少？”

“1 万美金，孩子。”

“伊莱·托斯卡诺刚输掉 1 万美金？”

“还不算多的，他输掉的远不止 1 万块。”

“我的天哪。”我惊呼道。

“今天是另一位制作人。”威利说。

“制作人是什么？”我问道。

“掌控全局的人。上次我是你的制作人，这次是艾克·特纳[1]。”

“帮杰基·布伦斯顿（Jackie Brenston）做《88 号火箭》[2] 的那个家伙？”

“你知道他。”

“马迪跟我说起过他。”

“你会喜欢他的，”威利说，“他和我一样来自密西西比。对了，他把杰基·布伦斯顿一块带过来了。”

“哇，”我说，“希望我能让他满意。”

“你需要做的就是听他发话。”

---

1 Ike Turner（1931—2007），摇滚乐先驱人物，歌手、乐队领班、唱片制作人、编曲人和词曲作者，20 世纪六七十年代与妻子蒂娜·特纳（Tina Turner）组成二重奏组合 Ike & Tina Turner，红极一时。

2 Rocket 88，可能是史上第一支摇滚歌曲。

进棚录了半个钟头后，发型得有一英里高的艾克·特纳发话了：“听着，威利。你的贝斯音不准。”

威利没有异议。

“等一下，艾克，”他说，“我会给贝斯调弦。”

“你的贝斯和萨克斯合不到一块儿。它走音了。”

艾克说的正是我想说的，只是我表达不出来——我还不知道调弦（tuning）这个词——但我知道威利的贝斯和我及艾克的吉他不怎么搭调。

顺便说一下，艾克弹的是 Stratocaster。我觉得自己买对电吉他了。

“我拿起吉他是因为厄尔·胡克，”他对我说，“知道厄尔·胡克?”

“知道。”我说。

“厄尔的活儿是从罗伯特·奈特霍克（Robert Nighthawk）那儿学来的。知道罗伯特·奈特霍克?”

“还没。想听。”

“‘大嘴’克拉伦斯·布朗（“Gatemouth” Clarence Brown）呢？听说过‘大嘴’？你一定会爱上‘大嘴’的……”

艾克弹起“大嘴”的器乐金曲《好的好的跺脚舞》(Okie Dokie Stomp)。和原版毫厘不差。

你必须喜欢艾克·特纳。他不介意给你露两手，也不吝啬他的赞美。他说我能弹得好，并让我演绎他的作品《结束了》(This Is the End)。他不识谱，但这不妨碍他驾驭编曲——他的编曲方式是把每种乐器的旋律都哼唱出来告诉大家。他也会弹钢琴，事实上他十八般乐器样样精通。

“你有一首金曲了，我确定。”录完《结束了》时他说。

我们录的第二首歌叫《你肯定不能做》（You Sure Can't Do），感觉很像“苗条吉他”的《我以前做的事》。

“你说过你喜欢‘苗条吉他’，”艾克说，“告诉他你有多喜欢他的机会来了。我认为这又会是一首金曲。”

我笑了，接着录唱了这首歌。我希望我的唱片能走进大街小巷，让听到的人得到快乐。如果他认为它们将成为金曲，我想我没有意见。

芝加哥最好的两位布鲁斯钢琴手拉斐特·利克（Lafayette Leake）和“小兄弟”蒙哥马利（Little Brother Montgomery）也在棚里。没他们的活儿，他们是来拜见伟大的艾克·特纳的。美好的一天。（“小兄弟”蒙哥马利后来给我写了首热门曲，这是后话。）

让这一天变得更加美好的是，伊莱·托斯卡诺对我说：“我太喜欢你做的东西了，我要为你创立一个新厂牌。”

“太棒了。”我说。虽然不大明白这意味着什么，但一定是桩好事。

“‘魔力’山姆、奥蒂斯·拉什、哈罗德·布拉吉和贝蒂·埃弗雷特都是‘眼镜蛇’旗下艺人，”他解释道，“但我希望电台DJ和公众能特别注意到你，巴迪。你是一个真正的艺术家，所以我要为你创立一个名叫‘艺术’（Artistic）的新厂牌。”

“衷心谢谢您。”我说。

“我觉得我们能一起赚大钱。”

如果你问我，伊莱一共给了我多少钱，我不得不告诉你，从头到尾一分钱都没给。

芝加哥的电台时不时会播放我的歌，让我非常激动。遗憾的是，远在巴吞鲁日的父母无法听到。22 岁的我满以为伊莱·托斯卡诺会把我打造成巨星，然而一年后，这个美梦随着伊莱沉尸密歇根湖底猛然破碎。他的死因众说纷纭，有说他是死于轮船失事，还有说他是欠下了巨额赌债，进入唱片业后一直与黑帮有瓜葛，甚至还有说尸体不是伊莱的，他正躲在印第安纳避风头呢。不管怎样，伊莱·托斯卡诺再也没有出现过。伊莱没了，“眼镜蛇”没了，“艺术”没了，我初尝了布鲁斯乐手之痛。

不是最后一次。

夜　班

这件倒霉事让我气馁了吗？不。我就是个吉他疯子，能靠弹布鲁斯挣点小钱，同时在这座吉他杀手遍布的城市闯出名号已经让我很高兴了。

我问马迪，约翰·李·胡克怎么没在芝加哥待下去。

“约翰·李应切斯唱片之邀，来芝加哥录《行走布基》（Walkin' the Boogie），”马迪说，“当他环顾四周，发现此地吉他杀手云集时，便收拾好东西，打道回底特律了。他不愿陷入吉他杀手的重围之中。”

我不禁说道：“或许我应该去底特律。”

“哦不，孩子，你在这儿干得不错。事实上，‘嚎狼’问到你了，你弹得好的名声都传他耳朵里去了。”

“他在哪儿演？”

“西尔维奥酒吧。我不爱早起，但如果你想听到‘嚎狼’最狂野的嚎叫，最好在屠宰场工人下夜班的时候过去。”

“那是几点钟？”

“他说上午 7 点过去效果最佳。下夜班的屠宰工们如释重负，准备好开怀畅饮了。”

“知道了。”

“如果‘嚎狼’要你上台弹，小心些，别弹得太好。他不喜欢被别人抢了风头。你要是抢了他的风头，他会对着你脑袋来记老拳。听过他唱的《邪恶》(Evil) 么?”

“听过。”

“嗯，那就是‘嚎狼’。威利·迪克森说这首歌是他写的，也许吧，但‘嚎狼’唱活了它。”

我和成群结队的夜班工人一道走进西尔维奥酒吧。他们准备好了。我准备好了。当天际泛白时，“嚎狼”唱起了《黎明》(Break of Day)。

他是坐着唱的，但他的声音依然强劲浓烈。唱罢《午夜呜咽》，他说：“我知道你们从午夜一直操劳到现在，这意味着你们从午夜一直呜咽到现在，这意味着你们厌烦了听我呜咽，所以我打算闭嘴，给你们一种能抽的玩意儿。一首《大烟囱闪电》(Smokestack Lightnin')，送给你们。”

这首“嚎狼”名作太猛了。想象一下，在清晨走进芝加哥的一家布鲁斯俱乐部，看到在场的每个人都在烈性威士忌和重型布鲁斯的双重作用下血脉偾张。男人前来发泄怒火、宣泄激情。女人和男人一样狂野，不羞于畅快痛饮、疯狂扭动。有些女人想跟你跳舞，有些女人想带你回家。她们爱布鲁斯，爱布鲁斯乐手。虽然每个人都觉得人生如此艰难，但当“嚎狼”伴着轰鸣的布鲁斯告诉你他正《坐在世界之巅》(Sitting On Top of the World)

时，人生似乎又没那么艰难了。

见我把电吉他带来了，“嚎狼”喊我上台玩两把。“嚎狼”的御用吉他手休伯特·萨姆林（Hubert Sumlin）是高手中的高手，加上马迪事先提醒过我不要喧宾夺主，所以我没有像以往那样弹，而是有意突出“嚎狼”。“嚎狼”果然大喜，把我留在了台上。

中场休息时，休伯特把我拉到一边。“喂，老弟，”他说，“如果‘嚎狼’要带你上路巡演，我没有意见。”

“我不想抢别人的饭碗。”我说。

“我受不了他的酗酒和殴打。要是觉得我发挥得不够好，他会像毒打他的女人一样狠狠地揍我。”

我扫了眼“嚎狼”。像个巨人一样。我绝不想和他干架。

一周后，“嚎狼”来特丽莎俱乐部听我弹奏。

“你真的可以，”演完后他对我说，“我受够了我乐队里那帮混蛋，你想跟我上路巡演么？”

我先是想到我有多爱他的音乐，然后就想到了自己的身板。

“谢谢您，先生，”我说，“还是不了吧，芝加哥这边有些场子要做。”

我第一次出伊利诺伊州演出是去印第安纳加里市。加里距芝加哥仅 25 英里，一条收费公路直开过去就到了。途经需要投币才能通过的收费站时，我们会用瓶盖代替一毛钱钢镚蒙混过关。加里在上世纪 50 年代是仅次于匹兹堡的全美第二大钢铁城，工厂里的机器一天 24 小时不停地运转。加里也是一座充斥着赌徒和妓女的城市。玩双骰子和 21 点的赌徒随处可见，条子收到他们的贿赂后便睁一只眼闭一只眼；而只要你是在等红灯，保管有妓女试图跳进车里，要你花几个钱干她。

我去弗雷德和杰伊两兄弟经营的 F&J 俱乐部表演。它能容纳 150 名观众，比芝加哥的布鲁斯俱乐部大。我都是周末过来，演两晚能挣 60 美金，比在芝加哥的特丽莎或 708 连着干一周都挣得多。

我的乐队包括钢琴手哈罗德·布拉吉、贝斯手杰克·迈尔斯（Jack Myers）和 Shuffle[1] 鼓王弗雷德·毕洛（Fred Below）。我还带来了两名管乐手和一个“舞者”。他的任务是随着节奏与一条眼镜蛇共舞，提醒观众我们是眼镜蛇唱片旗下艺人，买唱片时请认准眼镜蛇标志。至于我，我还是像以往一样从街上开始弹奏，边走边弹地一路走向舞台。

加里就跟芝加哥一样热爱布鲁斯。我们在 F&J 大受欢迎，最终赢得了驻场机会。连比比·金有天晚上还特意过来一探究竟呢。

弗雷德和杰伊对我的节目安排非常满意。我把马迪、“嚎狼”，甚至小沃尔特请来客座演出。他们在我的乐队伴奏下唱三四首歌，完了便揣着我塞给他们的十块钱跳进汽车，回芝加哥的西尔维奥酒吧或米奇酒吧赶场。

演出费当晚结清。弗雷德有本事从衬衫口袋里准确地摸出三张十块钱或两张二十块钱。一天晚上我们演完后，他像往常一样挨个给我们发钱，轮到我的时候，他说了句：“我要额外给你一张钞票。”他对哈罗德·布拉吉说了同样的话。

1　布鲁斯音乐中一种常见的节奏型。

我和哈罗德以为他会多给我们一美元以示感谢，然而我们看到了 1000 这个数字。我把 1 后面的零至少数了四遍，每次都是三个零。1000 美金。这辈子都没见过 1000 美金面值的钞票。就好像看到一个女人长了两只脑袋，一只猫长了两条尾巴。哈罗德的反应和我一样。

“不是我给你们的，是旺达。”弗雷德微笑道。

“旺达是谁？为什么要给我们钱？”我问。

“旺达是全加里最棒的小姐，”弗雷德说，“最漂亮的。她在找男人照顾她，你们被选中了。”

“不大明白。”我说。

“我也是。”哈罗德说。他和我都不大懂妓女。

“明天过来。F&J 在周日是私人俱乐部，只对受邀者开放。我邀请你们明天过来。”弗雷德说。

第二天，哈罗德和我穿上 30 美金的西装，驾车来到加里。我们对将会发生什么事极度好奇。F&J 大门紧锁，我们敲门，弗雷德打开门。

“先生们，”他说，“委员会的人都在。”

“委员会？”我问道。

“进来坐。”

酒吧中央摆着一张大桌。八个皮条客围坐桌旁。他们穿着少说也要 100 美金的西装，身边依偎着十二三个漂亮女人。她们有的波涛汹涌，有的长腿撩人，有的体形丰满，但丰满得恰到好处。

旺达是她们中最漂亮的那个。她的皮肤乌黑发亮，眼睛炽热勾人。她走到我和哈罗德身边坐下。

皮条客们点的烈酒和食物堆积如山。妓女们叫外卖送来一个特制大蛋糕。见账单越堆越高，我拍拍哈罗德的肩，示意他跟我去下厕所。

“到底发生了什么？”我问哈罗德，“我们在这儿干嘛？”

“我们在跟一帮皮条客和妓女胡吃海喝。酒好喝，东西也好吃。”

“谁买单？”我问道。

“谁知道。”

“也许这就是旺达给我们那么多钱的原因，也许应该由我们来买单。”

“也许吧。”

“应该我们买单？”

“我已经欲仙欲死了，快去阴户天堂了。你决定。”

“我来买单。”我说。

“好的，老弟。”

我们回到座位。账单将近 300 美金。从没见过那么高额的账单。不怕，我有一张 1000 美元面额的钞票。我刚把钱从口袋里掏出来，就被旺达扇了一个大嘴巴子。

“黑鬼！”她怒气冲冲地叫道，“‘爸爸’不可以为宝贝买单。‘爸爸’该由宝贝来养。”

她把一千块塞进我口袋，自己掏钱把账结了。随后她邀我和哈罗德去她家。原来她是三个娃的妈。

“你们刚接触我们这行，”她说，“所以我相中你们了。其他‘爸爸’就知道抢宝贝的，偷宝贝的。你们俩看起来不像坏人。”

“夫人，您要我们干的我们干不了。我们是音乐家。”

“但你们知道怎么保护女人。”

“我们不希望您受到伤害，真的。”我说。

“你们知道怎么把女人从局子里捞出来。”

“需要用钱打点。”

“我有钱。”旺达指着她的钱包说。

“嗯，所以您自己就能搞定。”

“你在拒绝我?”她的声音有些哽咽。

“您没必要把钱浪费在我和哈罗德身上。”

“别替我做主。”哈罗德说。

“我说的是真心话，旺达，”我说，“我们把钱还您，您把钱给我们是在浪费钱。”

“别替我做主。”哈罗德重复道。

“喂，哈罗德，”我说，“我们不能拿我们不该拿的钱。许多男人能胜任这个角色，但我们不能。”

几个月后，这个故事以一种有趣的方式结束了。感恩节前的周末晚上，F&J 里挤满了人。演出间隙，我又见到了旺达。她身穿红色紧身裙，看起来很美。她走过来对我说：“嘿，宝贝儿，我在做感恩节晚餐，你要不要过来一起吃。”

我的老家远在千里之外，这样的邀请让我不胜感激。

“一定来。”我说。

感恩节是个美好的节日。她用妈妈教她的法子做火鸡。饼干是她自己烤的，蔬菜和红薯让我想起了我的妈妈。她的孩子们很乖，和她一样可爱。

我们聊到她存够钱后会过什么样的生活。她说她想去南方买房，想让孩子们接受中学教育。她像是在对着家人说话。我没有对她动手动脚，要求“来一发”。我知道她不缺炮，送炮上门的男人有的是。她不是约我来打炮的。她要的不是性，而是一个朋友。

我不是不想打炮，我想的。但因为不想惹麻烦，所以迟迟没有跨出那一步。来芝加哥一年后我才开了荤。她是我在“挤压”俱乐部认识的，就是一个家伙拎着妻子的人头进来喝酒的那家俱乐部。

一个可爱的女人走到我面前。我心里一喜，因为我不善于主动搭讪。

“我注意你很久了。”她说。

“谢谢您，夫人。”

“我想知道一件事，它非常私人。介意我问吗？”

“问吧。”

“我想知道你做起爱来是不是跟你弹吉他一样狂野。”

这个问题让我莫名兴奋。身上的血开始往上涌。

“我只能说我会尽力。”我说。

“嗯，我是狂野型的。”

“我喜欢狂野型的。”

“但我也喜欢来点粗暴的前戏，懂我意思？”

“不是很懂，但我想搞懂。”

“要是先打上一架，操的时候会更爽。”

我还是头一回听到“操”这个字眼从一个女人嘴里冒出来。这让我更加兴奋。

“以爱之名，”我说，“我会先和你打一架。”

我们到了她的房间，谁知她是个光说不练的主儿。她喝了一晚的酒，朝床上一躺就睡着了。我是个绅士，不想吵醒她。我在她旁边躺下，不一会儿也睡着了。午夜，我感到背上火辣辣的疼。娘的，她拿着我的皮带抽我呢。她抽得狠极了，我的背在淌血。

“准备好跟我打一架了?”她笑嘻嘻地问。

我背上疼得要死，翻过身来继续睡是不可能了。我跳起来扑向她，她乐了。

“现在,”她说，“你将见识到真正的性交有多爽。”

她说的没错。

全密西西比最会穿衣的采棉工

吉他杀手们风格各异。“魔力”山姆和奥蒂斯·拉什等人身手敏捷，且不介意教你几个狠招。就像马迪一样，他们是师长，觉得好本事应该得到传承。但另一拨吉他杀手不这么看。

厄尔·胡克就不愿把自己的看家本领教给你们。他视同行为威胁，对他们保持警惕。

当我开始获得关注的时候，我注意到厄尔·胡克使劲地竖着耳朵听我的小过门。说出来你们可能不信，一个功力比我高出许多的吉他手居然在研究我的电吉他和电吉他音箱。

两三天后，我发现我的电吉他音箱声音不对。与此同时，我的长达 150 英尺的电吉他连接线不翼而飞。有人说看到厄尔趁我不在时瞎摆弄我的设备，所以我决定去他家跟他聊聊。

我在一个周六去了他家。他和他妈妈住一块儿。他妈妈告诉我：“他在睡觉呢。”

好吧，下午四点。乐手们通常白天睡觉，晚上干活，我理解。他妈妈说完就忙去了。就在我准备告辞的时候，巨大的鼾声从半开的卧室门里传了出来。我踮着脚走过去，把头探进门里，一眼就看到了我的吉他连接线和两只电子管——是从我的电吉他音箱上拆下来的，我认得出。

“胡克，”我说，“醒醒，老兄。你干嘛拿我的连接线和电子管？”

他醒了，打了个哈欠，揉揉眼睛：“跟你借的，老弟。就是这样。”

“你借我的东西难道不需要先问问我？”

“我对你的音色很好奇，想看看跟里面的电子管有没有关系。”

“把连接线还我。”

“拿走吧。”

“还有我的电子管。”

“我觉得它们在我的音箱里能干得更好。”厄尔说。

“我觉得它们在我的音箱里干得很好。”我说。

我带着我的东西起身离开。

尽管那天心里憋了一肚子火，但我并不记恨厄尔。他太牛逼了，我心里有火也发不出来。厄尔是最早使用哇哇踏板和双颈吉他的吉他手之一。他喜欢实验。他也喜欢讲段子。他讲的两个段子把我笑惨了。

有一回，厄尔受邀去三角洲的一家路旁酒吧表演。酒吧老板要他们去棉花田里吆喝演出时间和地点，说这是把观众引来的唯一法子。厄尔和他的乐手们犹豫极了，他们都穿着燕尾服，不想把它们弄脏。

“你们想拿到演出费么？”酒吧老板说，“想的话就立刻去田里宣传，否则你们将对着空荡荡的房间表演。”

所以厄尔他们走进了棉花田。

“今晚有演出，”他逢人便说，“会演你们爱的那种音乐。我的歌适合喝酒跳舞时听，能让女士们嗨起来。”

过了会儿，来了一个骑着高头大马的白人监工。他抱着一支步枪。

“这几个穿着燕尾服的黑鬼在这儿干嘛？”他问道。

“我们是音乐家。”厄尔说。

“在这儿不是。在这儿你们是采棉花的。”

“我不这么认为。”厄尔说。

“我这么认为。”白人监工举起了步枪。

接下来的一个小时，厄尔·胡克和他的乐手成了全密西西比最会穿衣的采棉工。

当晚的观众少得可怜。厄尔拿到的酬劳也是。回芝加哥的路上，大家的肚子饿得咕咕叫，然而口袋里的那点儿钱并不够填饱肚子。他们在路边的一家杂货店停下来时，厄尔有了个主意。

“趁店主不注意，”厄尔对他的钢琴手说，“往你衣服口袋里塞维也纳香肠罐头，塞到装不下为止。”

厄尔进去买苏打汽水和饼干，吸引店主的注意力。与此同时，他的钢琴手跑到肉罐头区，成功顺走了一大堆肉罐头。接着他们跳进汽车，一口气开了二三十英里，最后在一片小树林停了下来。他们坐到草地上，准备享用食物。每个人先是分到了一瓶苏打汽水和一些饼干，接下来就该分发维也纳香肠罐头了。钢琴手倒空口袋。

他偷了一大堆狗粮罐头。

“我干！”厄尔喊道，“你不认识字啊？”

“你知道我不识字的。”钢琴手说。

“我忘了，”厄尔承认道，“但你起码应该挑看起来诱人的顺。”

“是啊。这种罐头上的图看起来诱人极了。”

厄尔讲到这儿，我都快笑岔气了。

“然后呢？”我问他。

“你闻过爱宝牌狗粮罐头没？”他问道。

“当然，”我说，“我养狗。”

“嗯，爱宝狗粮那天闻起来还不赖。我跑到一棵树后面，把狗粮倒在饼干上，然后把它们一起吃掉了。就是这样。”

我认同厄尔·胡克是因为他和我一样不识谱。这事儿我是几年后才知道的。当时鲍比·布兰德在寻找一位新吉他手进行合作——他的吉他手派特·海尔（Pat Hair）出了状况。鲍比是棵摇钱树，演出总是排得满满的，成为他的吉他手意味着源源不断的演出。

有天晚上演出结束后，派特回到汽车旅馆休息。躺在床上时，他听到门外有动静。突然间，门哐当一声被撞开了，派特连忙抓起手枪，对着冲进来的人开了几枪。破门而入的是条子，他们闯错了房间。一个条子中弹不治，派特被关进明尼阿波利斯的一座监狱。为了向这位杰出的吉他手表示敬意，我专程去探望了他。

鲍比·布兰德来芝加哥面试新吉他手。我没有去，因为我知道还轮不到我。在芝加哥布鲁斯界，虽然人人都视魅力超凡的马迪为最大牌的明星，但厄尔·胡克才是最牛逼的吉他手。厄尔厌倦了打游击式的赶场演出，第一个跑去面试。当鲍比拿出乐谱，让厄尔照着弹时，厄尔没了主意。**原来他不识谱**。顺便说一下，鲍比·布兰德也不识谱。最后的 PK 在两位识谱的吉他手马特·墨菲和韦恩·班尼特之间展开。最终，技艺更胜一筹的韦恩得到了这个机会，自此和鲍比愉快地合作了多年。

当威利·迪克森邀我去切斯唱片帮人录吉他时，我首先担心的是自己不识谱。我在切斯录音棚里见过韦恩看着谱子录吉他。我以为录音乐手必须得识谱。

“我不识谱。”我告诉威利。

“没关系，跟着感觉走就好。”

当时，伊莱·托斯卡诺的尸体已经从密歇根湖里打捞上来，威利又重新回到了莱昂纳德·切斯身边。

“给谁录吉他?”

“‘嚎狼’。”

“‘嚎狼’有休伯特·萨姆林，不需要我。”

“他和休伯特大打了一架。休伯特说他不玩了。”

“万一弹错了，他可不能揍我。”

“不会的。一个小时就能录完，10 美金轻松进账。”

我说好。

迈进位于南密歇根大街 2120 号的切斯录音棚，我听到的第一句话是：“狗娘养的，你站错地儿了。”

是“嚎狼”。我不知道他在跟谁说话。

“狗娘养的，”他重复道，“没听到吗?”

“你在跟我说话?”我问道。

“是的，狗娘养的。不是你是谁?”

“噢，我叫巴迪，不叫狗娘养的。”

“在这里，”“嚎狼”说，“每个人都叫狗娘养的。站到麦克风前边去。”

那天录的什么歌我已记不清了，但我记得自己一个字都没说。我也记得切斯要求调整歌曲速度。他对音乐有很多主意，与我想象中的厂牌老板大相径庭。他把他的想法告诉“嚎狼”，我看到“嚎狼”愿意听他的。

从那天起，就担任录音乐手而言，我有了自己的准则。守时、闭嘴、低调、聆听、协作。弄明白主角在干什么，弄明白主角需要什么。给主角强有力的支持。让主角听起来更棒。别抢主角的风头，因为你是配角。聚光灯下面不是你该站的地方。

我的准则很管用。我接到了更多的录音邀约——马迪·沃特斯、“桑尼男孩”、吉米·罗杰斯、小沃尔特纷纷打来电话，希望与我合作。

我先是注意到威利·迪克森爱把功劳都归到自己头上——不管歌是不是他写的，他都试图在词曲作者一栏署上自己的大名。我开始意识到署名权意味着多拿到一份钱；然后我注意到钢琴上总是摆着一瓶威士忌。切斯从未忘记把威士忌摆在那里。我问威利这是为什么。

“莱昂纳德不傻，”威利说，“他希望我们找到在俱乐部里表演的感觉，这样唱片就能卖。俱乐部里有酒，他希望唱片里也有酒。他不希望我们喝醉，但希望我们被点燃。他要那团火焰。”

我没有沉溺于酒精。我太怕弹错音符。我需要全神贯注。如此，便有了两个巴迪·盖伊。

第一个是狂野版巴迪·盖伊。这个巴迪在俱乐部里弹奏，失真的吉他声震天动地、摧枯拉朽。他喜欢失真音效，因为这让他的表演更加疯狂。而他的表演越疯狂，观众就越快乐。

第二个是温顺版巴迪·盖伊。这个巴迪在录音棚里录音。他们叫他坐哪里他就坐哪里，要他弹什么他就弹什么，给他几个子儿他就拿几个子儿。能与马迪和“嚎狼”合奏对他来说已经足够。这跟赚钱无关，跟汲取才智有关。

与这些大师合奏也伤了我的心。来芝加哥前，我以为他们住的是豪华的别墅，开的是金色的凯迪拉克。可实际上他们中除了马迪拥有别墅外，其他人都蜗居在小屋里，为下一顿饱饭奔走匆忙。切斯旗下艺人唱片的真实销量我不得而知，我只知道他们没分到多少钱。

当威利·迪克森告诉我，“闪电”霍普金斯正在去他家的路上时，我一路狂奔着赶过去了，就像是门徒去见耶稣一般。这次谒见让我受益匪浅。

“闪电”霍普金斯戴着墨镜和黑帽子，身材精瘦，声音粗粝，喋喋不休。作为莱昂纳德·切斯的代理人，威利试图说服他在一张唱片约上签字——这张唱片约按版税支付报酬。

“去他妈的版税，”“闪电”霍普金斯说，“去他妈的莱昂纳德·切斯，还有你，威利·迪克森。版税对我来说就是个屁。”

“马迪·沃特斯用版税在芝加哥买了一栋别墅。”威利说。

“马迪有他的方式，”“闪电”霍普金斯说，“我有我的方式。我的方式很简单，给我 100 块，我就录一首歌。不想看合同，不想听跟法律有关的事儿。你给我 100 块，我就给你一首歌。”

“那种方式是过去式了，”威利说，“你会吃亏的。”

“也许吧，但至少我能拿到一百块。按你们的方式，我可能竹篮打水一场空。”

“合同有法律效力。”

“我看不懂合同。”

“我们的律师能帮你。”

“律师会拿走我的钱，就像莱昂纳德·切斯一样。律师想听我唱歌，拿钱来，一首歌一百块。”

威利摇摇头。

“摇你的猪头吧，威利·迪克森，唱片公司总有法子证明他们没有盈利，没有盈利就没有版税。”

威利不停地辩解，但“闪电”霍普金斯丝毫不为所动。“闪电”霍普金斯的得州乡村头脑是对的。问题是，我还不够格跟他们要 100 块。我有机会帮人录吉他，录一首挣 10 块钱已是幸运。我得经历不少变化才能将“闪电”霍普金斯的经验学以致用。

第一丝变化的迹象出现在 20 世纪 50 年代末，当时我在 708 或“挤压”演出，看到台下出现了几张白人面孔。一开始我以为他们是条子。那时没有白人来南区或西区听布鲁斯。演出间隙，我们不能拎着酒瓶走出去，这在当时是违法的。我们可以贿赂他们，但谁想浪费这个钱？看到条子让我们变得紧张起来。

他们不是条子，而是年轻的布鲁斯乐迷。一个叫保罗·巴特菲尔德[1]的说他吹口琴，另一个叫迈克·布隆菲尔德[2]的说他弹

---

1 Paul Butterfield（1942—1987），美国布鲁斯口琴手及歌手，1963 年组建 The Paul Butterfield Blues Band，这支乐队于 2015 年入驻摇滚名人堂。

2 Mike Bloomfield（1943—1981），摇滚史上的一位吉他天才，对布鲁斯音乐的发展影响很大，他是 20 世纪 60 年代中期鲍勃·迪伦乐队的主音吉他手，也担任过马迪·沃特斯、比比·金等布鲁斯传奇人物的吉他手。

吉他。刚开始的时候，他俩特别怵上台演奏，过了一会儿，两人终于鼓起勇气和我们一块即兴。他们听得非常认真，学得非常专注，让我既惊讶又高兴。我第一次意识到，布鲁斯不白也不黑，它是蓝色的。

我看到保罗·巴特菲尔德在仔细揣摩黑人口琴手的吹奏技巧。口琴不是我的兵器，但我一样爱它——它的声音如泣如诉，犹如男人呜咽。小沃尔特擅长把口琴颠倒过来反着吹，被他吸出来的音符如此之多，你会觉得是两个人在吹。他是个小个子，但和“嚎狼”一样是个战士。他不羞于大声说出自己的才华。他最著名的一句话是：“我从口琴里吸取出来的比乔治·华盛顿·卡弗[1]从花生里提取出来的都要多。”

一天晚上在特丽莎俱乐部，我看到几位布鲁斯口琴大师碰巧都在。我决定找点乐子。

我走到小威尔斯（Junior Wells）身边，说：“小沃尔特刚才对我说，你不能跟他坐在同一家俱乐部里。”小威尔斯是马迪的现任口琴手，小沃尔特是马迪的前任口琴手。

我走到“摇晃”霍顿（Shakey Horton）身边，说：“詹姆斯·科顿（James Cotton）刚才对我说，这家俱乐部只容得下一位口琴演奏家。”

我走到“桑尼男孩”身边，说：“小威尔斯、小沃尔特、‘摇晃’霍顿、詹姆斯·科顿都说能把你吹下舞台。”

1　George Washington Carver（1864—1943），美国黑人教育家、农业化学家、植物学家、发明家。他从地瓜与花生提炼出三百余种副产品，包括塑胶、染料、医药、面粉、奶粉、木料涂漆及肥料。

最后我走到小沃尔特身边，凑过去对他轻声说："那几个家伙想整你，你打算怎么办?"

嗯，他们全都起身走向舞台，奔着王冠而去。我让我的乐队奏起《自动点唱机》。当然，小沃尔特处于有利位置，因为《自动点唱机》是他的金曲。但其他几位和小沃尔特一样谙熟此曲。问题是他们都没有小沃尔特吹得好，随便吹什么歌都没有小沃尔特吹得好。

但这没能阻止他们试图击败小沃尔特。在一个小时的时间里，我听到了这个星球上最摄人心魄的口琴对决。如果当晚有"靴子腿"流出，我愿出一百万美金买下。

那天晚上，几位口琴大师都认识到小沃尔特无法被超越。即便是我的未来拍档、非常自负的小威尔斯，也不得不承认小沃尔特在他们每个人头上都撒了一泡尿。

说到撒尿，他们几个对决完后便开始纵饮，来来回回可跑了不少趟厕所。某个时刻，小威尔斯和小沃尔特碰巧一起走进了厕所。

"我在厕所里看到你的东西了，你个狗娘养的，"小沃尔特说，"听说你告诉女士们你裤裆里有一根原木，可我只看到了一根小树枝。"

"就算是一根小树枝，"小威尔斯回击道，"也比你那根小树枝长多了。"

"你们都没有我的长。"詹姆斯·科顿说。

"王八羔子们，""桑尼男孩"说，"既然你们想聊天赐的器物，我就和你们比一比到底谁最长。"

说时迟那时快，他们几个齐刷刷地亮出了鸡鸡！女观众们兴奋地奔了过来，朝这几个想要证明自己的东西才是最伟岸的笨蛋下面看去。

马迪玩过类似的游戏。他一般都是坐着唱，不过要是兴致来了，他会站起来唱。要是兴致更高的话，他会边舞边唱。要是兴致特别高的话，他会拿一瓶啤酒猛摇，然后塞进裤裆。当他唱到"多男人啊！"时，他会拉开裤子拉链，攥住啤酒瓶，就像攥住一根勃起的阴茎，然后打开瓶盖，让啤酒喷射在在他跟前热舞的女士脸上。我的天，女士们被射得浑身湿透，都激动疯了！

狂野的女人不对我的胃口，虽然她们是大多数男人的菜。我不是说她们没把我带到路边暗处嘿咻过。但作为一个喜欢稳定的男人，我不是很能驾驭她们。

每个男人都有自己喜爱的女人类型。马迪喜欢小姑娘。他有首歌这样唱道："她 19 岁，就像个小孩子。无论我怎么做，都取悦不了她。"但在现实生活中，马迪取悦了好多 19 岁的女孩。他也是个醋意很强的男人，喜欢揍女人。当然，那年头许多男人都好这口，而许多女人也期待着被他们暴揍，就像那个拿着皮带抽我的女人期待着被我暴揍一样。那是个不一样的时代。比莉·哈乐黛[1]这样唱道："'爸爸'要是揍我，我不会报警。"那是个打是亲骂是爱的时代。

1　Billie Holiday（1915—1959），20 世纪最重要的爵士乐歌手之一，与 Ella Fitzgerald 和 Sarah Vaughan 齐名，并称爵士乐界三大女伶。哈乐黛一生坎坷，14 岁前后甚至和母亲一样做过妓女。

我不喜欢揍女人。我不喜欢施暴。但在芝加哥这样一个有许多乡下孩子演绎电声布鲁斯的大城市，暴力无处不在。马迪常说："老弟们，我累死了，我的老女人讲了我的坏话，我得拿鞭子抽她。"我们听到后总是一言不发，因为我们知道马迪有许多老女人，并笃信只有揍她们才能让她们守规矩。这样的话我们都听出老茧来了。这是他的方式。

但他不打小姑娘。他对她们百般疼爱，在她们需要保护时保护她们。一直到今天，我还是会听到女人在说："马迪是我遇到过的最好的朋友。"她们说他花时间教她们远离麻烦。她们叫他"爸爸"。和女人相处时，马迪有好几面。

到 1959 年 12 月，我在芝加哥已经待了两年零两个月。我 23 岁了，事业小成。我有钱买吉他了，有钱租房了，还买了辆二手车，方便我去加里的 F&J 俱乐部表演。我打响了双重名号：俱乐部里的狂野乐手和录音棚里的安静乐手。我在眼镜蛇唱片发了两张单曲黑胶，"眼镜蛇"随伊莱·托斯卡诺一道沉入密歇根湖后，我成了威利·迪克森和莱昂纳德·切斯的录音乐手。去录音的时候，我会跟其他家伙一样把一品脱烈酒放进口袋。女人们就像注意其他乐手一样注意我。她们想跟我云雨一番，这很好，只不过不是我真正想要的，我真正想要的是一些稳定的东西。我在一个稳定的家庭长大，家里充满了爱。家庭对我很重要，如果能找到一个合适的女人成家，也许我就能享受到爸妈相守时的那种快乐。

我想要妻儿，想留在芝加哥，想拥有更多的听众，想参与更多的唱片。如果我干得漂亮，兴许切斯就会把宝押在我身上。

我想摆脱孤独，想结婚。

她 19 岁

我第一次听马迪唱《她 19 岁》时，他 47 岁。我结婚时她 19 岁，我 23 岁。我是来芝加哥之前两年认识她的。她和她的父母住在一起。她美丽温柔，给了我想要的爱情。

有一次，我们从城外演出归来，先送吉米·罗杰斯回家。罗杰斯是一位出色的吉他手，与小沃尔特同为马迪乐队最早的成员之一。抵达他家时，我的鼓手弗雷德·毕洛对守候在门外的罗杰斯夫人说："别担心，他没干坏事。他是个好孩子。"

"我不担心，"罗杰斯夫人说，"除了我没人对他感兴趣。"

这话我爱听。我想娶一个在我外出巡演时会说"我不担心他干坏事，除了我没人对他感兴趣"的女人。这让我感觉很舒服。

我觉得琼（Joan）就是这样的女人。我们在一起时很开心，可她爸很不开心。他不喜欢我，他觉得我不够成功。

"你有工作?"我跟他说我想娶他女儿时，他问道。

"一直有，先生。"

"在哪上班?"

我告诉了他。

“那些是酒吧。你是酒保?”

“不是，先生，”我说，“您好像知道我是乐手。”

“我去过那些酒吧，孩子，我知道酒保拿到的小费比乐手多。”

“您说的也许没错。”

“那你为什么不做酒保?”

“因为我喜欢弹吉他。”

“你也许是喜欢弹，不过我听说你没有马迪·沃特斯受欢迎。马迪·沃特斯有自己的别墅，你有吗?”

“还没有，先生，但总有一天会有。”

“要等到何年何月，孩子?”

“说不准。”

“说不准——好吧，那你告诉我你能说得准什么? 能说得准哪天能挣到钱么?”

“我挣得还行，在加里表演。”

“你到处表演，孩子，可我没见你买新车，交购房首付款。你最好去加里的钢厂找份工作。钢厂付工资，你不用担心客人小费给得少。稳定的工资才靠得住。你的吉他就像小孩子的玩具，你得去找份男人的工作。”

我没有和我未来的岳父争辩，毕竟，她是琼的父亲。但实际上我们互相看不顺眼。他看不上我工作的酒吧，可他自己就是个酒鬼。我可以试着辩解，告诉他马迪·沃特斯很瞧得上我。“魔力”山姆和奥蒂斯·拉什同样也是。“嚎狼”还邀我做他的巡演吉他手呢——他没有邀请其他任何人；酒吧老板们也信赖我，因为我从不迟到，从不让观众失望；而无论是为“桑尼男孩”、“嚎狼”、小沃尔特还是马迪录唱片，莱昂纳德·切斯都会打电话给我。问题是做录音乐手报酬有限，而我未来的岳父眼里只有钱。

“我懂您的意思，”我对他说，“我知道一个男人必须得照顾好他的女人，我会照顾好您女儿的。”

“我拭目以待。”他说完便出门泡吧去了。

我想赚钱，我必须得赚钱。1959 年底我和琼结婚时，我得养活两个人。1961 年我们的大女儿夏洛特·蕾妮降生后，我得养活三个人。

“在我们这个行当，”马迪说，“总会有比你赚得多的人冒出来。我出道时没人赚得有我多，然后圣路易斯的查克·贝里就冒出来了。不过莱昂纳德一开始压根儿没听懂查克，直接把他撵走了。查克不得不靠卖血维生。但查克又回来了，这次莱昂纳德改变了主意。接下来发生的事情大家都知道了，摇滚乐席卷了这个国家。波·迪德利[1]也是个好例子。他的东西能让孩子们扭动起来。莱昂纳德从他身上赚了大钱。现在莱昂纳德在力捧一个叫埃塔·詹姆斯[2]的胖妞。我不是说莱昂纳德不喜欢布鲁斯。他爱布鲁斯，但他更爱钱，如果波尔卡（Polka）唱片能大卖，他会要

---

1 Bo Diddley（1928—2008），美国节奏布鲁斯歌手、吉他手和词曲作者。他是布鲁斯过渡到摇滚的关键人物之一，对很多后辈有深远的影响，包括埃尔维斯·普莱斯利、“披头士”、“滚石”、“谁人”、“平克·弗洛伊德”、“地下丝绒”等。他以技术创新闻名，比如他标志性的方形吉他。他创造的节拍型至今仍是嘻哈音乐、摇滚乐和流行乐的基石。迪德利于 1987 年进入摇滚名人堂。他也获得了格莱美终身成就奖。

2 Etta James（1938—2012），美国传奇女歌手，演唱风格跨越爵士、布鲁斯、灵魂乐、福音、摇滚乐等多种音乐类型，20 世纪六七十年代隶属于切斯唱片时，演唱了多首脍炙人口的歌曲。

求我们录波尔卡。”

“但我们在做同样的事，马迪，”我说，“我得学会自动点唱机里的歌。我得模仿雷·查尔斯唱《我说什么》（What'd I Say）。”

“你模仿不像的。”马迪说。

“是啊，但我会去试。说到钱，我听到他们在唱《钱，就是我想要的》（Money，That's What I Want）。”

“这首歌听起来很像《我说什么》，”马迪说，“这些歌全是一个调调。”

“他们说布鲁斯全是一个调调。”

“没错，但布鲁斯歌手不是一个调调。”

“我喜欢《钱，我所欲也》，把它学会了，现在几乎每晚都演。它让每个人都开心地跳起舞来，我没觉得这有什么不好。”

“孩子，我不反感金曲，谁都想要金曲。我推出《阳刚男孩》[1]、《依然是个傻瓜》（Still A Fool）、《就和我做爱吧》（Just Make Love To Me）时可没有抱怨。我只是想说，你我从种植园里带出来的布鲁斯不能死。我只是不希望布鲁斯死掉。”

“我也是，马迪。”

“我们得铭记布鲁斯。这个世界也许会忘记它，但我们不能。我们都欠布鲁斯一条命，没有它，我们还在闻骡屎的臭味。”

---

1 Manish Boy，这首马迪·沃特斯原唱的金曲曾被吉米·亨德里克斯、小汉克·威廉姆斯、罗杰·达尔特雷、保罗·巴特菲尔德、约翰·梅尔、“史密斯飞船”、“滚石”等多组巨星翻唱，并一度成为“滚石”乐队巡演的保留曲目；大卫·鲍伊早年还加入过一支叫 The Manish Boys 的乐队。

初遇布鲁斯

当威利·迪克森告诉我，他准备为我做一张唱片时，我不由得吃了一惊。

“不容易啊，”他说，“莱昂纳德觉得你还不够格发片。他把你当录音乐手看，觉得你就是个出色的伴奏吉他手，但我跟他说，‘巴迪·盖伊能把特丽莎俱乐部的屋顶给掀了，伴奏吉他手的能量可没那么大。’”

“我也能把录音棚的屋顶给掀了。”我说。

“问题是你不能去掀。你不能像在俱乐部里那样弹，不能弹得太疯狂，不能玩失真音效。莱昂纳德喜欢干净的布鲁斯。”

“你手头有希望由我来唱的歌?”

“你需要的歌我应有尽有。”

“我自己也写了些歌。”

“噢，先录我写的，再录你写的。”

我们录的第一首歌既不是我写的也不是他写的，而是“小兄弟”蒙哥马利写的《初遇布鲁斯》(First Time I Met the Blues)。

这首歌推出后，许多人说我唱得像比比·金，我觉得这是在抬举我呢。谁不想听起来像比比？我喜欢它的第一句歌词：“初遇布鲁斯时，我正在树林里散步。”录唱这句的时候，我闭上眼睛，想象自己正在老家的树林里散步。钢琴手是马迪的乐手奥蒂斯·斯潘[1]，鼓手是弗雷德·毕洛。当天录的第二首歌叫《心碎布鲁斯》(Broken-Hearted Blues)，威利说是他写的——不过大家都更喜欢《初遇布鲁斯》。

录音后的第二天，威利告诉我说，切斯希望我答应他一个条件，然后才肯出这张唱片。

“他希望你把名字改掉。”

“他为什么不喜欢我的名字？”

“他没有不喜欢你的名字，”威利说，“他就是觉得你的名字里应该有个金/国王（King）。”

“他的意思是？”

“你可以把大名改成巴迪·金或金·盖伊，诸如此类。”

“不明白。人们会把我、比比·金、弗雷迪·金三个搞混的。”

“莱昂纳德要的就是这个效果。如此，你们三个之间就有了某种联系。‘金’和叙事布鲁斯是联系在一起的。”

“马迪的名字里没有金。”

“他比弗雷迪·金和比比·金出道早。”

“嗯，我比弗雷迪·金和比比·金出道晚。”

---

1 Otis Spann（1930—1970），被许多人认为是二战后芝加哥最杰出的布鲁斯钢琴手。

“巴迪·金这个名字听起来真棒。”

“也许，但它不是我。而且，如果巴吞鲁日的电台 DJ 放我的歌前喊的是‘巴迪·金’，我老家的人就不知道那是我。”

“你可以提前告诉他们。”

“这不是个好主意。我希望爹妈能从收音机里听到他们给我起的名字。”

“莱昂纳德会不高兴的。”

“改名换姓我也会不高兴。”

“你打算继续倔下去？”

“是的，先生，我不会改名的。”

我没有改名。切斯选择了妥协，想必是觉得《初遇布鲁斯》的确很棒，我不改名也无妨。这一年圣诞节，我回到了巴吞鲁日，得知 WXOK 电台放了我的歌，给我的家人和朋友带来了骄傲和快乐。

20 世纪 60 年代头几年，我不时为切斯录制个人单曲。有时候，威利会保留我的署名权，不过从来没有人跟我提到过版权。我不知道版权属于我，不知道如果它们被转到切斯兄弟版权管理公司，切斯应该支付我一笔钱。我没把这笔钱放在心上，我只是想崭露头角。

在切斯看来，我若想崭露头角，就得走比比·金或弗雷迪·金的路线。我录过对他胃口的那种器乐曲，甚至唱过抒情歌曲，但都没有让我火起来。如果我把我的现场风格搬到棚里来，让音符失真到模糊，让来自外太空的连复段嗡嗡作响，切斯便会说：“巴迪，你弹得太过火了，保持冷静。”我还没蠢到要和切斯争辩的地步。他是切斯唱片的国王，我则处于切斯图腾柱的底端。

话又说回来，我才二十来岁，就已经发了自己的唱片，所有人都对我刮目相看……除了我的岳父。当我和妻子把45转的细碟《初遇布鲁斯》递给他看时，他说："他们给你的是唱片而不是钱?"

"您的意思是?"我问道。

"我的意思是，他们给你现金了么?"

"没有，不过我和他们签了份合同，唱片卖到一定数量，我会分到一笔版税。"

"孩子，"他大笑道，"等你看到版税，狗都变成猪了。"

他是对的。同样的话"闪电"霍普金斯也说过。我只是爱面子不愿承认罢了。

埃尔莫尔·詹姆斯邀我随他去得州演一场，说报酬可丰厚了。得州离芝加哥很远，但看在钱的份上我同意了。我需要钱。我们挤进埃尔莫尔的休旅车，开了好久才抵达目的地——阿肯色和得克萨斯边界的一家路旁酒吧。酒吧里满是观众。我们连演三场后，发饷的时候到了。

一个高大魁梧、看起来像头大熊的男人走上舞台。就是他打电话请埃尔莫尔过来演的。

"坏消息。"大熊说。

"什么坏消息?"埃尔莫尔问道。

"我们遭抢了。"

"没看到啊。"

"发生在后台。我没钱给你们发演出费了。"

“不是吧?”埃尔莫尔说。

“是的。”大熊说。

“老兄，这太操蛋了，”埃尔莫尔说，“油钱你总得给吧，不然我们怎么回芝加哥。”

大熊一口回绝。

埃尔莫尔朝大熊吼了起来，大熊的回应是拿枪顶住他的脑袋。我们识趣地走了。

休旅车在东圣路易斯耗尽了最后一滴油，我们跟路人讨了5块钱加油，总算撑到了芝加哥地界。然后我掏出口袋里最后15美分，买了张回家的车票。

这次经历让我不得不重新评估自己的处境。我爱音乐甚于一切，但做音乐挣得太少。所以当一份稳定的工作摆在我面前时，我没有犹豫——乔利埃特市（Joliet）99俱乐部的老板请我去管理他的俱乐部。他觉得我不仅能弹琴，还会经营。我能请来“嚎狼”、小沃尔特和马迪。乔利埃特距芝加哥仅45分钟车程，我乐队的节奏组又稳如磐石，这意味着我能说服布鲁斯大佬们前来演三四首歌，然后及时赶回去演他们的夜场。为了打响第一炮，我把周六晚上10点到凌晨2点的时段留给了“桑尼男孩”。（这位是“桑尼男孩威廉姆森二世”，我不认识“桑尼男孩威廉姆森一世”。）

99俱乐部的老板给我安排了一个小房间，让周五晚上一直演到凌晨四五点的我可以养精蓄锐，为周六的演出做准备。

周六上午，老板走进房间说：“‘桑尼男孩’来了，已经喝起来了。”

“现在几点?”我问道。

“还没到中午。你最好去和他聊聊。”

我走出房间，看到“桑尼男孩”正在豪饮威士忌。

“早。”我说。

“早，混球。”

“这么早就来啦。”

“没错，”他说，“今天白天没事干，觉得这儿是个消磨时间的好去处。”

老板在我耳边轻声说：“这样喝下去晚上没法演的，叫他少喝点。”

我没有劝“桑尼男孩”少喝点，我了解他，知道劝了也是白劝。

我回房继续睡，下午时分，老板回来敲门。

“你朋友还在喝。”他说。

就在那时，我听到了口琴声。“桑尼男孩”在对一个打扫的女人吹口琴。他吹口琴可以不用手——他撅起上嘴唇抵住口琴，然后用鼻子吹。你以为这样吹肯定不好听，但“桑尼男孩”就能让奇迹发生。女人的脸上掠过一丝微笑，我看到“桑尼男孩”的面前又多了一瓶威士忌。

“叫他少喝点。”老板对我说。

我还是没有劝他。我了解这些家伙，他们不会听你的劝，但我承认我有些担心。几个小时后，我将喊他上台。我怕他到时候就像吉米·里德一样醉得不省人事。那样的话，我会在观众的一片嘘声中被当场解雇。

9∶30，快开演了，然而“桑尼男孩”人不见了。老板恶狠狠地瞪了我一眼，仿佛我杀了他的母亲。

“那个该死的口琴手人呢？我就说他会醉倒在阴沟里的。你打算怎么办？”

“我们先演几首。”我说。

上台后，我不断地环顾四周。“桑尼男孩”依然不见人影。

奏完第三首歌，我知道该轮到他上台了。台下的观众都是冲着“桑尼男孩”来的。我只能硬着头皮喊他上来了。我还能怎么办？

“女士们先生们，”我郑重宣布，“让我们以热烈的掌声欢迎伟大的‘桑尼男孩’！”

10 秒钟过去了，老板看向我，我也看向他。他耸耸肩，我也耸耸肩。然后突然间，得有 70 岁的“桑尼男孩”不知从哪儿冒了出来，像个十来岁的少年般蹦上了舞台。你不会明白他是怎么做到的。他以一首《别打开我的话匣子》（Don't Start Me to Talkin'）开场，接着唱了《保密》（Keep It to Yourself）、《为他人做嫁衣》（Fattening Frogs for Snakes）等经典作品，当他唱到“别跳奇怪的舞了……你得对我好点，不然你将面对你的葬礼和我的审判”，观众陷入了疯狂。

长话短说，“桑尼男孩”连演了两个小时。零点左右，他下去匆匆喝了两杯，就算休息过了。接着他重返舞台，又一口气连演了两个小时。我们赶他下去他都不下去。凌晨 2 点，他终于走下了舞台。紧接着，他直奔吧台，又开始喝了起来。我和老板走过来向他道谢。

“你们俩给我滚蛋，”他说，“我听到你们在说我坏话。你们说我会醉得没法登台。我告诉你们一件事。29 岁那年，医生对我说，‘桑尼男孩’，再这么喝下去，你活不到 35。’猜猜那位医生现在在哪儿?"

"哪儿?"我很好奇。

"见阎王了。"

我们笑了。

"让我们为死鬼医生的健康干杯,""桑尼男孩"说,"你们全他妈见鬼去吧。"[1]

为了维持生计,管理99俱乐部之余,我会杀回芝加哥的俱乐部表演。科利俱乐部是我的据点之一。我喜欢这家俱乐部的老板科利,当他告诉我说生意不好做,打算关门歇业时,我心里很不是滋味。对我来说不仅仅是失去了一个据点。任何一家布鲁斯俱乐部关门都会让我感到不爽。

"如果我把比比·金请来,"我问科利,"对你的生意会有帮助吗?"

"那还用说。"

我开车去加里,把情况告诉比比·金。"科利很靠谱,"我说,"他现在竞争不过其他俱乐部,都快关门大吉了,我想帮他。"

"我也是。"比比说。

我乐滋滋地回到芝加哥,跟科利说比比周末会来助演。

"这不可能,"他说,"比比·金不会来的,他才不会管一家布鲁斯俱乐部的死活。"

周六凌晨1点,我来到科利俱乐部。里面全是人,但比比·

---

1 "桑尼男孩"出生于1912年,此时大约50岁,并非巴迪·盖伊所说的70岁,而他在这次演出后没几年便死了,享年53岁。

金还没来。

“你和你的比比·金都是没用的劣等黑狗。我跟你说他不会来的。”科利非常恼火，怒气在他头顶升腾。

“但……”

“别但啊但的，我不需要蹩脚的借口。广告打出去了，这么多人全是奔着比比·金来的，现在他们就像看着一个疯子一样看着我。是的，我是疯子。”

“不，你不是，”我说，“比比在泊车。”

就在这时，比比伟岸的身影出现在了街上。你最好相信他拎着“露西尔”[1]。他就像圣诞老人一样空降科利俱乐部。所有人都欢呼尖叫起来。这场演出他没要报酬。科利赚了个好名声，生意开始好转起来。

比比是个谦卑的人。妈妈说谦卑的人是好人。不过我这一生没见过几个骨子里谦卑的人，尤其是在音乐圈——这个圈子里的大多数人都被约翰·李·胡克称作“大头症患者”。比比·金从来没得过大头症。即使是在今天，每次和他聊天，我都会被他对别人和音乐的爱感动得想哭。

那晚的演出结束后，比比问我哪儿可以听到牛逼的爵士乐现场。他问对人了，因为我和比比一样爱听爵士。我带他去爵士俱乐部“特罗卡迪罗”（Trocadero）听吉恩·阿蒙斯（Gene Ammons）。吉恩是个酒鬼，人送外号“大壶”（Jug）。我们听着“大壶”用高音萨克斯哭泣，一直到太阳升起。

---

1 Lucille，比比·金为他心爱的黑色吉普森电吉他取的名字，源于他在上世纪50年代邂逅一位名叫露西尔的女子。

“我爱爵士，但有些爵士乐手不爱我。”我说。

“他们中的一些人有点摆谱。”比比·金赞同道。

我给比比讲了个故事。

有天晚上，我和我的小号手杰瑞站在一家爵士俱乐部门口聊天。一个爵士乐手走到杰瑞跟前说：“嘿，老弟，今儿给谁吹小号呢?”

“巴迪·盖伊。”杰瑞说。

“巴迪·盖伊? 那个拖着巨长的吉他线从街上弹着吉他朝酒吧走的野小子?”他没见过我，以为我是巴迪·盖伊的另一个乐手。

“是的。”杰瑞说。

“为什么要帮他吹? 他的东西蠢得像坨狗屎。”他说。

“我喜欢。”杰瑞说。

“好吧，青菜萝卜各有所爱。对了，老弟，借我两块钱行不?”

“不行。”杰瑞说。

“好吧，那把你的酒给我抿一口行不?”

“不行。”

“好吧，那把你的大麻给我吸一口行不?”

“不行。”

“他娘的，你怎么这么冷漠?”

“因为我喝的酒、抽的大麻都是靠吹奏被你称作狗屎的音乐换来的。我不想弄脏你的嘴。不过我想向你介绍巴迪·盖伊。这位就是他。”

那家伙差点晕过去。我微笑着向他伸出手：“幸会。”

比比听罢笑道："巴迪，我也给你讲个故事。"

有次在纽约，我跟迈尔斯·戴维斯（Miles Davis）不期而遇。那是我第一次见到他。他走到我面前说："您太牛了，比比，您真的太牛了。"

"谢谢您，迈尔斯。"我说。

"您不但牛，还会做一些我不会做的事。"

"具体什么事，迈尔斯?"

"我一辈子都在研习音乐，上音乐学院，跟在专业课老师后面苦修课程。但您只是推推弦，一晚上挣得就比我一个月还多。"迈尔斯说。

就赚钱而言，比比·金永远是国王。我们其他人虽然很勤奋，或许也有稳定的演出，但就是赚不过他。所以我学会了闭嘴，努力去适应各种活儿。如果莱昂纳德·切斯没打算推广我的唱片，我也不会抱怨，毕竟他还给我录音乐手的活儿干。他视我为音乐管子工，哪儿坏了就找我修哪儿。

一个早晨，电话铃响了。是威利·迪克森。

"莱昂纳德叫你到棚里来。"他说。

"今晚?"

"不，王八羔子，现在就来。"

我没回嘴，而是匆匆穿上衣服，赶赴南密歇根大街2120号。我将要服务的对象是"嚎狼"。他们几个喝了一整夜的威士忌，酒精带来的亢奋在这个早晨已经丧失殆尽。所有人都跟死了娘似的。"嚎狼"看起来已经准备好揍人了。切斯看起来有一周没睡了。他在对着休伯特·萨姆林大吼大叫，说他节奏不对劲。休伯特是个杰出的吉他手，但他和切斯之间的沟通显然有问题。

我坐在角落默不作声地注视着这一切，直到切斯注意到我。

“你坐这儿多久了？”他问道。

“有一会儿了。”我说。

“怎么不吭声？”

“没人问我话。”

在棚里，我是那种没人问我话就不会吭声的人。

“过来，你个混蛋，把你的吉他带着，”切斯说，“听我哼刚才哼给休伯特听的旋律。”

我听了。

“听清楚了？”切斯问道。

“是的。”

“能弹出来？”

“能。”

我把他哼的旋律弹了出来。

“妈的，”切斯说，“我等这个过门等了六个钟头，这家伙一分钟就弹出来了。我们再录一遍。”

一遍搞定。

魅力四射

1960 年夏天，随着马迪·沃特斯在新港爵士音乐节（Newport Jazz Festival）上唱响《我魅力四射》（Got My Mojo Working），布鲁斯乐手的命运开始慢慢改变。马迪砸开了一扇门，之后我们便开始在之前做梦都不敢想的地方演奏。几年后，另一扇门在伦敦被砸开。在这之后，一切都“乱了套”。这扇门的后面，是众多的白人乐迷，他们花银子来听布鲁斯。

从新港回来后，马迪对我说：“这样的景象我前所未见。”我坐在马迪家里，和他一起看电视上转播的白袜队比赛。马迪是白袜队的死忠。他的头发上夹着卷发夹，身上穿着黑丝内衣裤。他的口琴手詹姆斯·科顿住在他家，小沃尔特也是（虽然他早就退出了马迪的乐队）。不同时期的马迪家里住着不同的乐手。不同的女人被马迪藏在不同的金屋。他（她）们都听他的。他是“爸爸”。他喜欢殴打女人，可这件事知道的人越多，向他投怀送抱的女人就越多。

新港爵士音乐节上发生的事让马迪激动不已。“我本来不想去的，驱车一千英里赶过去演一场，第二天还要驱车赶回来。更让我犹豫的是这是一个爵士音乐节。爵士乐迷大多自命不凡，不爱听布鲁斯。我差点做出愚蠢的决定，拒绝了他们的邀请。幸好我没有。观众为我们疯狂！我说的不是黑人。全是白人面孔！我们是周日登台，周日当天抵达新港后，我们听说昨晚雷·查尔斯制造了一场骚乱。我知道他的乐队擅长演奏爵士，但他们当晚没有玩爵士乐，而是奏起了《我说什么》之类的节奏布鲁斯歌曲。我们演出之前，主办方担心再次发生骚乱，警告我们不要玩太猛的东西。你知道我的，巴迪，我不介意坐着唱。但观众的热情无比高涨，弄得我不由自主地站起来扭动着演唱，直到我以为自己是该死的'猫王'。你应该去的，巴迪，应该亲身感受那种盛况。"

"想去。"

"约翰·李·胡克也在现场。他会跟你讲的。他也说这种景象前所未见。"

两年前，马迪乘兴去英国演出，然而却败兴而归。"他们想看的是大比尔·布鲁兹（Big Bill Broonzy），不是我，"他从英国回来后对我说，"他们觉得布鲁斯不能插电。当布鲁斯音符从我的电吉他音箱里迸出来时，台下嘘声四起。谁告诉他们电流会搞砸布鲁斯的？它能让布鲁斯更响亮。难道他们没听过'丁骨'沃克？他早就开始玩电声布鲁斯了。别跟我说'丁骨'沃克弹的不是布鲁斯。这些英国佬的脑袋一定长在屁股上。"

就在那时，同样是在新港，另一件事发生了：民谣火了。"金斯顿三重唱"（Kingston Trio）的唱片成了抢手货。结束了在芝加哥几所大学的巡演后，"闪电"霍普金斯对我说："宝贝，我看到了棉花的海洋。”他的口吻和马迪描述新港乐迷的口吻如出一辙。“不是白棉花，是白人大学生。他们花钱来听我在休斯敦唱了多年的老玩意儿。有意思的是，我要是不带电吉他音箱过去，他们反而会付我更高的报酬。他们要传统的木吉他音色。他们叫它民谣。”

约翰·李·胡克也交了好运。对钱总是念念不忘的他说话很结巴：“他们他他他他他他他妈的叫叫叫叫叫叫它什么都行，只要付付付付付付我钱。”

看到白人开始听民谣，马迪开始参演民谣音乐节后，莱昂纳德·切斯心里打起了小九九。他打算把马迪变成民谣歌手。这是马迪亲口跟我说的。

“昨晚莱昂纳德对我说，‘民谣唱片太好卖了，我现在就要为你做一张。不插电，甚至连灯都不打开，要的就是三角洲的老声音。那是最原始的民谣。我要两把吉他，一把你来弹，另一把找还没有被芝加哥布鲁斯同化的三角洲吉他手来弹。’我说，‘那后天进棚录吧，我已经有合适的人选了。’”

“谁?”我问道。

“你。”他说。

我很开心，只是不知道切斯会怎么想。

第二天，我来到切斯录音棚。切斯惊讶地问：“你来干嘛?”

“来给马迪录吉他。”我解释道。

“我没叫你来。”

“马迪叫我来的。”

“我让马迪去找一个白头发、弹破木吉他的三角洲吉他手。难不成你会弹民谣布鲁斯，巴迪?”

“会的，”我说，“我听着民谣布鲁斯长大。”

这时马迪走了进来，紧接着就被切斯劈头盖脸地骂了一通。他们你来我往争执了半天，马迪就跟骡子一样倔。

“你要老式布鲁斯，”马迪对切斯说，“这个年轻人睡着了都能弹那种布鲁斯。让他弹，录完了我还要回家睡觉。”

切斯最终还是妥协了。这是1963年，马迪50岁，我27岁。马迪不但让我弹solo，还让我献声。我拉过一把椅子在他面前坐下，目不转睛地盯着他的眼睛，脸上始终挂着微笑。我真高兴啊。我们录了《我的家在三角洲》(My Home is in the Delta)、《长途电话》(Long Distance Call)、《乡下男孩》(Country Boy)、《宛若归乡路》(Feel Like Going Home)。威利·迪克森弹立式贝斯，克利夫顿·詹姆斯（Clifton James）打鼓。没有人玩花活。两个小时便大功告成。

“妈的，”切斯喜滋滋地对我说，“你弹得真像那些老鬼，不是吗?”

马迪也很高兴。他需要的是一个会说他的语言、能跟着他的路子走的吉他手。这张专辑被他们叫做《民谣歌手》(*Folk Singer*)。

一个月后，马迪重返英国，这回他准备好当民谣歌手了。不插电，不带电吉他音箱。上次英国乐迷觉得他玩的不是原汁原味的布鲁斯，现在他已准备好证明他们是错的了。

马迪结束这次英伦之旅后，我去他家看他。下午五点，他还没有起床。如果没有白袜队的比赛，马迪会睡上一整天。我在厨房和小威尔斯边聊边等他。小威尔斯也住在马迪家。有一阵子似乎谁都住在马迪家。我是少有的例外。我习惯独来独往，而且我又添了一个女儿卡莱尔·德埃塔（Carlise DeEtta），我有一个家庭要照顾。

6点，马迪从楼上走了下来。

“英国之行怎样?”我问道。

“糟透了，”他说，“他们又嘘我下台。”

“怎么会？这次您不是投他们所好了么?”我问道。

“这次他们又要听电声布鲁斯了。上次我弹的是电吉他，不少小孩倒是很喜欢，回去后还买来弹。当我带着原声吉他回来的时候，他们又不高兴了。他们不要安静的民谣布鲁斯，他们要躁动的节奏布鲁斯。”

“噢，天哪，”我说，“一定很痛苦吧。”

“演出费还是让我挺爽的，我只是搞不懂那些英国王八蛋到底想要什么。记得我跟你说他们的脑袋长在屁股上么?”

我创作并灌录了《疯了》（Stone Crazy）、《我找到了真爱》（I Found A True Love）、《不是谎话》（No Lie）、《小心点》（Watch Yourself）等歌曲，然而它们都没有给我的音乐事业带来突破。据说《疯了》在《公告牌》排行榜上小露了下脸，不过我没有看到支票。

这些歌没有问题，有问题的是我的弹奏方式。在切斯的要求下，我弹得很节制，没有疯狂飚琴。可我喜欢轰鸣的失真和刺耳的回授，甚至觉得吉他有点走音会更来劲。

没有人比我更爱那帮布鲁斯老将。马迪·沃特斯、比比·金，“闪电”霍普金斯的弹奏和月亮一样美。我能登上月亮，像他们那样弹奏。但我也能登上火星。切斯不愿看到我登上火星。

真奇怪，他儿子马歇尔·切斯（Marshall Chess）和他品味迥异，不断提醒他爸由着我习惯的弹奏方式来。他俩争得不可开交，有次甚至在棚里大打出手。

“你不知道巴迪的强项，”马歇尔对他爸说，“你没看过他的现场。”

“没这个必要，”切斯对着他儿子咆哮道，“我看过他帮人录吉他，他干得不错，这就够了。”

“你为什么要故步自封?”

“我没有故步自封。电台爱播什么，我就做什么。”

“你应该引领电台的播歌潮流，而不是被电台牵着鼻子走。”

“我赚得盆满钵满，”父亲对儿子说，“你忘了我刚给你买了辆汽车?”

“爸，这不是重点。音乐在变，巴迪这样的乐手在引领新的方向。”

“我们暂时还是朝通往银行的方向走吧。”

威利·迪克森为我量身写了首叫《一回事》（The Same Thing）的歌。他说这首歌必火无疑，必定会给我的音乐事业带来突破。他弹给我听，我爱极了。旋律节奏都特别抓人，我准备好灌录它了。

“不，先生，”威利说，“我们现在还不能录，得把它磨合到完美再录。”

我和威利开始磨合这首歌，直到几个月后的一天，我们觉得它已臻完美。

录音当天，我早早地来到了录音棚。我按捺不住内心的激动，因为我知道这首歌必火无疑。就像《藏身处》让弗雷迪·金一夜成名一样，《一回事》也会给我带来同样的效果。

切斯还没听过这首歌，他走出控制室，让我弹唱给他听。我弹奏的时候，切斯随着节奏频频点头。他的脸上掠过一丝微笑。这是个好兆头。

这不是。

切斯说："天哪，这绝对是一首大金曲，快把马迪叫来。"

"把马迪叫来干嘛？"威利问。

"叫来唱这首歌，"切斯说，"它简直就是为马迪量身写的。我们给巴迪找首别的歌。"

我争辩说几个月来我一直在完善这首歌。但这儿还轮不到我发话。威利应该发表意见的，然而他没有。他没理由惹老板生气。

对我来说，跟马迪作对比跟我娘作对还要糟糕。我太爱马迪了。

一个小时后，马迪到了。我教他唱这首歌，并留下来给他伴奏。诚然，我的心在隐隐作痛，但我也为马迪得到一首好歌感到高兴。他唱得动人心魄，个人认为是他最棒的歌曲之一。

这是1964年的事。不久后，我回到切斯录音棚，录唱《过会儿轮到我》（My Time After A While）。其中有句歌词唱道："轮到你了，宝贝，但过会儿就轮到我了。"这是我当时的感受。

那天晚上，棚里除了"桑尼男孩"和小沃尔特，还有从英国远道而来的"滚石"乐队。他们的队名来自马迪的一首歌名[1]。

---

1 "滚石"乐队及《滚石》杂志都得名自马迪·沃特斯录制于1950年的布鲁斯歌曲《滚石》（Rollin' Stone）。

马迪说他们比他自己还要了解他。他们对切斯唱片无比推崇，所以不远万里从伦敦赶到南密歇根大街 2120 号。这个晚上，他们只是来聆听。

他们率先听到的是“桑尼男孩”和小沃尔特的口角。

“我在肯塔基干了一个女的，她是我干过的所有女人中最爽的一个。”小沃尔特说。

“肯塔基哪里?”“桑尼男孩”问道。

“路易斯维尔。”小沃尔特说。

“她叫布伦达?”

“是的。”

“我也干过她。”

“不，不可能，”小沃尔特说，“叫布伦达的妞多了去了。”

“她是不是很壮实? 是不是有一只黑色贵宾犬总是不离她左右，即使在你干她的时候?”

“她是有一只贵宾犬。”小沃尔特说。

“嗯，先生，我来跟你说说这位布伦达。我先是给了她一根手指，她觉得不过瘾，于是我给了她两根，可她还是觉得不过瘾，知道我接下来给了她什么?”

小沃尔特不想问，但我想。

“什么?”

“我给了她这个”，“桑尼男孩”说着伸出舌头，把手指掰得劈啪作响，走出了录音棚，留下我和“滚石”的几位笑得满地打滚。

我录《过会儿轮到我》的时候，“滚石”乐队就在旁边听着。录完后，他们对我说了些暖心的话。

“滚石”对我很好。他们非常尊敬我，我也以同样的尊敬还予他们。如果没有“滚石”、埃里克·克莱普顿（Eric Clapton）和杰夫·贝克（Jeff Beck），布鲁斯不会像今天这样得到全世界范围的认可。当所有人都对“滚石”和“披头士”大加褒奖的时候，他们足够诚实地说出他们师承马迪·沃特斯、比比·金和约翰·李·胡克。

从芝加哥回去后，“滚石”乐队的几位成员逢人便说亲眼看到马迪站在梯子上粉刷墙壁，甚至还把它写进书里。他们说马迪的脸上沾满了石灰水。尤其是基思·理查兹（Keith Richards），他反复地跟人讲这个故事，明摆着就是想说马迪还兼任莱昂纳德·切斯的勤杂工[1]。

虽然切斯和马迪早已去世，但我和马歇尔还健在呢。我们都知道这不是真的。如果真有切斯艺人兼任勤杂工，那个人一定是我，因为我处于切斯唱片的最底层。事实上，切斯从没要求过我刷墙或拖地，那么马迪就更不可能了。是马迪成就了切斯。毋庸置疑，切斯做了假账，马迪被黑了很多钱。但马迪依然有钱买别墅。他不会穿着工装裤进录音棚。他很爱干净，西装笔挺，皮鞋锃亮，头发滑溜。马迪是芝加哥布鲁斯之王，只要他想，他甚至可以把切斯叫到他家来给他刷墙。只要能让马迪开心，切斯什么都愿意做。

快要奔三的我过得很开心，虽然是穷开心。俱乐部和厂牌都

1　基思·理查兹在自传中说亲眼看到马迪·沃特斯在粉刷切斯录音棚的天花板，并说比尔·怀曼可以作证。

太抠了。我岳父逼着我去找份固定工作，而我也的确重操旧业，干起了拖车司机。我想为家人买栋两层小楼，光靠演出和录音根本没戏。我在俱乐部演到凌晨 4 点，接着蜷到车库一角睡到 8 点，然后开着拖车出门，一直工作到下午 6 点。那几年我都是这么过来的，辛苦是辛苦，但也让我熟悉了芝加哥的每条大街小巷。

开着拖车去拖故障车的路上，我习惯打开收音机听音乐。我从“披头士”和“滚石”的音乐中听到了布鲁斯的回声。我们的东西被他们赏识是件好事。我也爱听雷·查尔斯唱《上路吧，杰克》（Hit the Road，Jack）。这首经典作品的原作者是节奏布鲁斯艺人佩西·梅菲尔德（Percy Mayfield）。听到雷深情演绎乡村名曲《我不能停止爱你》（I Can't Stop Loving You）时，我忍不住笑了。音乐工业的版图正在扩张。我喜欢摩城唱片（Motown Records）推出的灵魂乐（Soul）歌曲。史蒂维·旺德（Stevie Wonder）的《指尖》（Fingertips）、小伊娃（Little Eva）的《运动》（Locomotion）、詹姆斯·布朗（James Brown）的《夜行列车》（Night Train）都是一等一的佳作。芝加哥有家名叫 Veejay 的厂牌，红极一时的两首流行金曲——杰瑞·巴特勒（Jerry Butler）的《他会伤你的心》（He Will Break Your Heart）、吉恩·钱德勒（Gene Chandler）的《厄尔公爵》（Duke of Earl）就出自此家。芝加哥灵魂乐组合“印象”（The Impressions）的《吉普赛女人》（Gypsy Woman）和《没关系》（It's All Right）也是我的菜。“印象”主唱柯蒂斯·梅菲尔德（Curtis Mayfield）来加里看我演出时说他爱布鲁斯。我们这些布鲁斯乐手与他们彼此关联。

但我们与他们也失去了关联。即便是布鲁斯界最大的腕儿——马迪·沃特斯、“闪电”霍普金斯、比比·金和约翰·李·胡克也被孤立了起来。我们有自己的故事要讲，而这些故事别人讲不了。很长一段时间里，只有黑人想听我们讲故事。这不是问题，仅黑人乐迷就够养活我们了。但进入 20 世纪 60 年代后，黑人乐迷的品味发生了变化。他们爱摩城之声的柔和圆润，爱詹姆斯·布朗的跳舞元素，爱柯蒂斯·梅菲尔德为黑人表达权利诉求的歌词。黑人乐迷开始背弃布鲁斯。

有一次，比比·金和摩城旗下艺人同台献演。摩城艺人很尊敬比比，然而台下清一色的黑人观众却对比比报以巨大的嘘声。比比委屈地哭了。他说台下的黑人同胞视他为穿着工装裤、叼着玉米芯烟斗的采棉工。事实上他和他的乐手穿得很光鲜。在台下的黑人乐迷眼中，比比已经过时了，就像一位老爷爷在弹奏他们的爷爷听的音乐。比比·金这一年才 36 岁。

20 世纪 60 年代令人困惑。不是来自路易斯安那的乡下男孩不明白，是这世界变化太快。我想继续弹下去，继续用我的弹奏点燃观众的热情。我觉得我的音乐没有落后于这个时代，甚至还有些超前。

这让我感觉很好，虽然我依旧开着拖车满芝加哥跑。

老哥，老哥

小威尔斯值得我专门拨出一章来写。他是我生命中出现过的最疯狂的人之一，感谢上帝把我俩搅合到了一起。这趟航程并不总是一帆风顺。他的行李沉重不堪，但他增加了我的筹码。有了他伴我身旁，我便可以做我一个人做不了的音乐。他鼓舞了我。

我和小威尔斯相识于上世纪 50 年代末的 708 俱乐部。他只比我大两岁，但他的阅历比我丰富太多。早在 50 年代初，他便取代小沃尔特，成为马迪乐队的口琴手。这是一张足以证明他的水准的资格证书。能从高手云集的芝加哥口琴界脱颖而出，受马迪钦点招入阵中，他一定非常出色。

“我很小的时候就开始钻研口琴大师的吹奏，那时我还在西孟菲斯。我听到的第一位口琴大师是‘桑尼男孩威廉姆森一世’。我没见过他，是从收音机里听到的。1946 年我搬到了芝加哥，那年我 11 岁。两年后的一天晚上，他在‘种植园’（Plantation）俱乐部演完后遇抢身亡。这像是一个警告，如果我决定成为一个布鲁斯乐手，危险会如影随形。

"我去特丽莎俱乐部找'桑尼男孩威廉姆森二世'，要他教我几招。'你这个蠢得要死的混蛋，给我滚，不然我会切掉你的脑袋。'我没有退缩，坚持要他教我，结果他果真摸出刀来，吓得我落荒而逃。

"马迪和'坦帕红'[1] 就友善多了。学校里有个家伙欺负我，无缘无故地打我，所以我买了根棒球棍，打爆了他的头。他们要开除我，把我送进监狱。我在少年法庭受审时，马迪和'坦帕红'突然现身为我作证，说我有才华和未来。法官要马迪签字，证明他关心我。马迪签了，我也就自由了。我谢过马迪，然后去赶公交车。马迪说，'你去哪儿，小威尔斯？到我车里来。'我说，'我有地方要去。''你有鬼个地方要去，我是你的照管人。'马迪说着挡住了我的去路。我猛推了他一把。他什么也没说，只是掏出他的点 25 口径自动手枪，指向我的头，'我不介意爆你的头，一点都不介意。'我知道我有了一个新爸爸。"

小沃尔特和马迪因为《自动点唱机》闹翻了。《自动点唱机》是小沃尔特的大热金曲。这首歌一炮而红后，小沃尔特退出马迪的乐队，自组了一支乐队。他说他从未得到自己应得的关注和酬劳。与此同时，小威尔斯声称《自动点唱机》的旋律是小沃尔特从他的乐队"四个老 A"（The Four Aces）那儿偷走的，他说《自动点唱机》是他们的作品。

小威尔斯成了马迪的新任口琴手，甚至还住进了马迪家。这

---

1 Tampa Red（1904—1981），芝加哥布鲁斯吉他大师，影响过大比尔·布鲁兹、马迪·沃特斯等人。

带来了问题。马迪和他老婆日内瓦（Geneva）象征性地跟小威尔斯收了点房租。当小威尔斯发现住在马迪家的其他几位乐手都不用交房租时，他对马迪亮出了刀子。马迪从容起身，扇了小威尔斯几个大嘴巴子，然后掐住他的脖子说："我会戳烂你的嘴，让你这辈子都别想再吹口琴。"马迪和小威尔斯如同爱恨交织的父与子。

马迪爱逗小威尔斯玩。有次演出结束后，马迪和他的乐手一道驾车回家。小威尔斯和马迪坐在车后座。小威尔斯很快就睡着了，嘴巴还大张着。马迪有了一个大胆的主意。经过一家杂货店时，他下车进去买了听生蚝罐头。接着他们打开罐头，在小威尔斯嘴上涂了些蚝油。小威尔斯不停地打着呼噜。马迪也在自己鸡巴上涂了些蚝油，然后把小威尔斯摇醒。小威尔斯舔到了嘴边的蚝油，看到了马迪鸡巴上的蚝油，听到了马迪说："爽啊，我完事儿了，你继续睡吧。"他错愕地说不出话来——他以为马迪射他嘴里了。他怒火中烧，立马去掏他的刀，被大家摁住了。马迪跟我讲这个段子时笑得满地找牙。

还有一个段子发生在汽车旅馆。小威尔斯的女友想睡马迪，马迪也想睡她。马迪的钢琴手奥蒂斯·斯潘跑到小威尔斯的房间，喊他去停车场聊聊。

"就在这儿说吧。"小威尔斯说。

"去停车场说吧，"奥蒂斯说，"今儿天气不错，我们需要些新鲜空气。"

他俩来到停车场后，奥蒂斯开始有一搭没一搭地瞎扯。小威尔斯感觉不对劲，连忙回到房间，发现女友不见了。他四处找她，直到听到马迪房间里动静很大。透过窗户，他看到他的老板正在操他的女友。奥蒂斯和其他几位乐手阻止了他破门而入，但允许他继续观看。

“最操蛋的是，”小威尔斯说，“那个婊子比马迪还要享受。”

特丽莎俱乐部的“蓝色星期一”是布鲁斯乐手的即兴之夜。我和小威尔斯的合作之旅就始自“蓝色星期一”。我的吉他和他的口琴水乳交融。一段时间过后，“新马迪和小沃尔特”的名号传开了。

我不喜欢这个名号，力图阻止他们这么叫。只有一个马迪和一个小沃尔特，就像只有一个罗莎·帕克斯[1]和一个马丁·路德·金。他们是先驱，是领路人。我们爱爵士萨克斯大师桑尼·斯蒂特（Sonny Stitt），但桑尼还是不能跟查理·帕克（Charlie Parker）相提并论。帕克和马迪、小沃尔特一样，是一条新路的开拓者。我不是他们中的一员。小威尔斯虽然是天才，但同样不是。

小威尔斯能吹、能唱、能跳，我叫他全能艺人。他喜欢我从街上弹着电吉他走进俱乐部的表演方式，也给自己整了根 150 英尺长的连接线。我一个人这样搞就已经够让人血脉偾张了，现在有了小威尔斯吹着口琴和我一起走进来，效果有多轰动可想而知。

小威尔斯有颗美丽的灵魂。有天晚上，“桑尼男孩”出现在了特丽莎俱乐部。多年前，就是在这家俱乐部，“桑尼男孩”不

1　Rosa Parks（1913—2005），美国黑人民权活动家，美国国会称她为“现代民权运动之母”。她的生日 2 月 4 日和被捕当日 12 月 1 日都成为罗莎·帕克斯节，在加州和俄亥俄州定期纪念。

但拒绝了小威尔斯请他支几招的恳求，还拿出刀来威胁他。“桑尼男孩”进来后见小威尔斯也在，便走过去和他搭话。小威尔斯没理他。

“等等，混球，”“桑尼男孩”说，“我知道你对我还怀恨在心呢。”

“当然。”小威尔斯说。

“我是想看看你的决心大不大，如果你决心成为布鲁斯乐手，你会发愤图强来证明自己。”

“我就是这么做的。”

“我知道，”“桑尼男孩”说，“我听说了。我想说我帮了你一个大忙，如果没有我激发你的斗志，你不会吹得这么好。我成就了你，孩子。”

小威尔斯闭上眼睛，一语不发。

“你是对的。”他对“桑尼男孩”说。

他们从此言归于好。

干我们这行的都有辛酸史，小威尔斯也不例外。上世纪 50 年代初，在威利·迪克森和布鲁斯钢琴圣手“孟菲斯苗条”（Memphis Slim）助阵下，小威尔斯录制了《胡毒男人布鲁斯》（Hoodoo Man Blues）。小威尔斯和企宣带着唱片去求一位 DJ 播放。企宣悄悄塞给 DJ 25 美金，结果对方接过那张 78 转单曲黑胶，扔到地上踩得粉碎，显然是嫌钱少。

“太伤人了，”小威尔斯对我说，“我对天发誓再也不录这首歌了。”

小威尔斯有詹姆斯·布朗情结。他觉得詹姆斯抢了他的功劳。这事得从《惹小孩》[1] 说起。

《惹小孩》于1960年问世，是小威尔斯最红的单曲。他把这首歌的灵感来源告诉了我们每个人。一天晚上，制作人梅尔·伦敦（Mel London）来到小詹姆斯家，接他去录音。录音将于八点准时开始。梅尔到的时候，小詹姆斯的宝贝女儿雷吉娜（Regina）正坐在她的小板凳上看电视。

“你爸呢?”梅尔问道。

“在睡觉呢。”

“嗯，去叫醒他。”

“不去。”

“为什么不去?”

“他贪睡。”

“工作时间到了，你要是不去叫，我去。”

“你不能去。”

“当心点，小孩，不然我会给你好看。”

雷吉娜直盯着梅尔的眼睛，说：“别惹小孩。”

去录音棚的路上，梅尔和小詹姆斯聊着刚才那段对话，乐得哈哈大笑。

小威尔斯说“别惹小孩”这句话启发他写下了《惹小孩》。不幸的是，它的署名权和版权被梅尔·伦敦占为己有，小威尔斯什么都没得到。

《惹小孩》火了，说实话，詹姆斯·布朗的歌听起来跟它很像。但你不能说詹姆斯抄袭了小威尔斯。天下音乐一大抄，尤其

---

1 Messin' with the Kid，小威尔斯绰号“the Kid”。

是布鲁斯。问题是詹姆斯·布朗成了超级巨星，而小威尔斯觉得他理应跟詹姆斯一样红。他一直试图推出一首能让自己像詹姆斯·布朗一样大红大紫的金曲，不过始终没能如愿。不是说小威尔斯不是个伟大的表演者，只是除了杰基·威尔逊（Jackie Wilson）外，真的没有人能和詹姆斯·布朗比肩。詹姆斯重新定义了放克乐（Funk）。

早些时候，小威尔斯邀我以配角的身份加入他的巡演乐队。这没什么错。小威尔斯比我早十年来芝加哥，还跟着马迪巡演过。如果不是听到了一些关于小威尔斯的故事，我想我会接受他的邀请。其中一个发生在巡演路上的一家酒吧。

小威尔斯喝着的时候，他的鼓手提醒他该动身了。

“你被解雇了。”小威尔斯说。

“为什么?”鼓手问道。

“你打扰我喝酒了。”

小威尔斯的经纪人迪克·沃特曼（Dick Waterman）不得不赶鸭子上架干了一阵鼓手，而迪克此前连鼓槌都没有握过。

和小威尔斯一道即兴永远是一件乐事。观众希望看到我俩同台，所以俱乐部老板会把我俩作为组合推出，这很好。但和小威尔斯一道上路巡演就是另一回事了——麻烦会接踵而至。

我是对的，可我也是错的，你很快就会明白我的意思。

约翰·李·胡克

1965年，我和琼有了我们的第三个女儿科琳·纳内特（Colleen Nanette）。我们住在位于南区东72街1218号的一栋芝加哥式两层小楼里。房子是我买的。我出的唱片没有带给我一分钱版税——我显然还没有成为明星。白天，我开着拖车去拖故障车；晚上，我为切斯旗下艺人做录音乐手或是去俱乐部赶场。这样的日子很是辛劳，所以当我偶尔能赴欧陆巡演时，我很是开心。

我得感谢在我之前出国演出的布鲁斯音乐家。先是大比尔·布鲁兹、朗尼·约翰逊、乔希·怀特（Josh White），然后是"桑尼·特里和布朗尼·麦克金"（Sonny Terry and Brownie McGhee）。而随着马迪·沃特斯和奥蒂斯·斯潘踏出国门，这个世界才对芝加哥布鲁斯敞开了大门。

在欧洲，我见到了罗伊·奥比森（Roy Orbison）和"丁骨"沃克。威利·迪克森安排我在伦敦的俱乐部演了几场。我听到人们在热议一支叫"新兵"（The Yardbirds）的乐队。一个叫罗德·斯图尔特（Rod Stewart）的孩子自告奋勇为我打下手。他说英格兰爱上节奏布鲁斯了。最近我又见到了罗德，说到当年他开车载我在伦敦转悠时，我们都忍不住笑了。

一场演出后，两个家伙来到后台，像学生般向我求教。这是我第一次听到他俩的名字——埃里克·克莱普顿和杰夫·贝克。为了过来看我，他俩在面包车上睡了一宿。他俩不知道 Stratocaster 还能弹布鲁斯，以为它只能演绎乡村音乐呢。我说这不是我的发明，我也是从“苗条吉他”那儿看来的。他俩缠着我讲“苗条吉他”、“闪电苗条”和“闪电”霍普金斯的故事。他俩听过“切斯”出的每一张唱片，听过我的每一张唱片，甚至还听过我为“眼镜蛇”录的唱片。

为了节省成本，我只带了贝斯手和鼓手上路。埃里克·克莱普顿赞叹道：“老兄，你让三大件听起来像一支大编制乐队。你的步伐太帅了，还有把吉他朝后一甩，让它绕着你转圈那招，哇！”

“和‘苗条吉他’比根本不算啥。”我说。

我上了一档名叫《各就各位，预备，跑！》（*Ready Steady Go!*）的电视节目，主持人介绍我出场时摆了一个乌龙，把我说成是查克·贝里。我还碰到主持人把我当成查比·切克[1]的。

我去德国献演美国民谣布鲁斯音乐节[2]。这下我明白马迪为什么被欧洲乐迷弄糊涂了。观众对我喝倒彩，因为我年纪太小，穿得太整齐，头发竖得太高。还有人说对我很失望，因为我没有

---

1 Chubby Checker（1941— ），美国黑人创作歌手，著名的扭腰舞（Twist Dance）就是由他推广开来。

2 American Folk Blues Festival，又译美国民间布鲁斯音乐节。

拎着威士忌酒瓶上台。他们认为布鲁斯乐手就应该老态龙钟、衣衫褴褛、醉意十足。

我确信我演砸了——我没有听到德国观众的任何回应。在美国，布鲁斯乐迷的回应是大嚷大叫。而在英国，我还是能获得一些中规中矩的掌声的。

我翻唱了詹姆斯·布朗的《看不见》(Out of Sight)。有乐评人对此提出批评，说玩布鲁斯的不应该玩摇滚乐或节奏布鲁斯。真相是，《看不见》是首热门歌，我想唱热门歌。而且对我来说，摇滚乐和节奏布鲁斯都是布鲁斯之子。

大乔·特纳（Big Joe Turner）唱了他的两首摇滚金曲——《翻转、摔落、飞翔》(Flip，Flop and Fly）和《摇撼、咔嗒、滚动》(Shake，Rattle and Roll)。它们的曲式是12小节布鲁斯。没有人抱怨。当我站在“大妈妈”桑顿（Big Mama Thorton）后面，为她伴奏《猎狗》(Hound Dog）时，同样没有听到抱怨。《猎狗》是让“猫王”崭露头角的几首摇滚金曲之一，它的曲式也是12小节布鲁斯。

欧洲的布鲁斯乐迷是一伙头脑不清的混蛋。他们想听纯粹的布鲁斯，可纯粹的布鲁斯实际上并不存在。布鲁斯是一锅秋葵汤，随便什么都可以朝锅里扔。布鲁斯不是纯种狗，而是杂种狗。在我看来，杂种狗更美。

这趟欧洲之旅中最美妙的事情是跟“大妈妈”桑顿和约翰·李·胡克在一起。

我在巴登-巴登（Baden-Baden）一家酒店的客房里休息时，听到楼下大堂传来一阵阵喧闹声。我下楼去一探究竟，只见“大妈妈”桑顿、罗斯福·赛克斯（Roosevelt Sykes)、埃迪·博伊德（Eddie Boyd）等人正在豪饮威士忌。我不擅长这个，所以我抱着吉他坐到墙角，信手弹起《布基儿童》。

过了一会儿，一个瘦骨嶙峋的男人走到我身边说："哪哪哪哪哪哪哪哪儿学的？"他的声音十分低沉。

"从小就会。"我说。

"但但但但但但但但谁教教教教教你的？"

"电唱机。"

"你弹弹弹弹弹弹弹弹的和唱唱唱唱唱唱片里的不大一样。"

"你怎么知道？"

"因因因因因因为你弹弹弹弹弹弹的是我的歌歌歌歌歌歌歌歌。"

"不，不可能，这是约翰·李·胡克的歌。"

"你他妈妈妈妈妈妈妈的以为你你你你你你你你在和谁说话？"

我抬头看向他。

"不知道。"我说。

"我是约约约约约约约翰·李。"

"我不知道约翰·李口吃。"

"你什么都不不不不不不不不知道。"

从这一天起，我们成了最好的朋友。

我也和"大妈妈"桑顿成了好朋友。她爱穿男人的衣服，块头跟房子一样大。有次我在台上为她伴奏，还是那首《猎狗》，她唱着唱着，假牙突然掉了下来。我顿时慌了，可她却很淡定。嗯，就见她弯下腰，捡起假牙塞进嘴里继续演唱，一点都没耽搁。天哪，这个女人真能唱！这场演出结束后，我打算去弄副假牙，演出时故意让它掉下来，然后像“大妈妈”一样把它捡起来。

巡演路上的其他乐手不喜欢和“大妈妈”呆一块儿，他们觉得她块头太大，还爱发号施令。他们觉得说错话会被她扁。我相信她会。但不知怎的，她喜欢我。

一个上午，我和几个家伙坐在大堂里消磨时间，“大妈妈”走出电梯，径直走向我。她穿着男人的裤子，戴着顶斯泰森毡帽。

“巴迪·盖伊，”她说，“跟我去买纪念品。”

其他家伙看着我，仿佛在说，你要是疯了就去吧。但我能怎么办？我喜欢这位女士。她爱怎么穿是她的事。而且，她是个跟大乔·特纳一般出色的布鲁斯歌手。我没法说不。我起身陪她逛街去了。店里的人们用奇怪的眼神打量着我俩。多么奇怪的一对。我才不在乎他们的目光。

这趟欧陆巡演的交通工具是汽车。我和“大妈妈”、约翰·李同坐一辆车。“大妈妈”和约翰·李处不来，她太专横了，而他恰恰相反。听他俩相互攻击笑得我肚子疼。

我深深地爱上了约翰·李。和我们中的许多人一样，他很现实，一手交钱，一手交音乐。但他也很好玩，没人比他更会讲段子。这在一定程度上归功于他的口吃、咬舌音和乡下话。他越是结巴，你就越是想知道故事的结局。

在一家德国餐馆，我们想点牛排。我们都不会说德语，侍者也听不懂英语。

“给给给给给给给我来牛牛牛牛牛牛排和意意意意意意意面。”约翰·李说。

侍者一脸困惑。

约翰·李打起手势，不明真相的人还以为他想要一条活蛇。“面面面面面条，”他说，“你你你你你你知道的，意大利面。”

侍者跑回厨房，端来一些面条。约翰·李笑了：“可可可可可可以，再去做牛牛牛牛牛牛排吧。”

侍者来来回回跑了三趟，分别端来热狗、鸡和鱼。

“他他他他他他他娘的，”约翰·李说，“老老老老老老子要的是牛排！”

侍者耸耸肩。

约翰·李打了个响指，像是有了主意。

“好的，混混混混混混蛋，”他说，“我想想想想想要的是这这这这这这这个。”

约翰·李捏起拳头，跟侍者比划挤牛奶的动作。

侍者还是没明白。约翰·李深吸一口气，发出震耳欲聋的一声：“哞哞哞哞哞哞哞哞哞哞哞哞哞哞！”

侍者笑了，约翰·李吃到了牛排。

餐后，我希望约翰·李能聊聊他的音乐。有趣的是，布鲁斯乐手并不爱聊音乐。他们爱聊女人。

“当当当当当我还还还还还在密密密密密密西西比的种植园时，”约翰·李说，“我的妞就多了去了。我有五五五五五五五六个小女友，就因因因因因因因为我是吉他手。小妞妞妞们爱吉他手。有一天，我的一个小女女女女女女友溜过来对我说，‘约约约翰，一个小男孩亲亲亲亲亲亲了玛丽。’玛玛玛玛玛玛丽是我的另一个小女友。干，我带带带带上我的弹簧刀，杀杀杀杀杀向沟渠。小妞们爱在沟渠边玩玩玩玩耍。”

种植园里有一条沟渠，大雨天排水用，免得棉花和玉米淹死。

“小小小小小侏儒站在那儿，”约翰·李说，“我说说说，‘喂，你亲我我我我我我我的女孩了?’侏侏侏侏侏儒点头称是是是是是。所以我一拳拳拳拳拳拳打在他脸上。要不是我可怜他，我会一刀刀刀刀刀刀戳在他脸上。一拳下去他他他他他他没反应，所以我又喂了他一拳，还还还还还还是没有倒下去。还没等我反应过来，他一个箭步跳跳跳跳到我胸口，把我往死死死死死死里揍。我我我我我我的女孩们在为我我我我加油，‘揍他，约翰，揍揍揍揍他!’但这个该该该该该死的侏儒把我打到浑身一丝丝丝丝不挂。我跟你讲，巴巴巴巴迪，侏儒的拳头忒狠了，永远别别别别招惹侏侏侏侏侏儒。”

约翰·李的段子有关于乡下生活的，也有关于城市生活的。

“刚刚刚刚刚到底特律的时候，”他说，“我常对人动动动动刀子。伙计们知道我不不不不不喜欢把气憋在心里。我在‘亨利摇摆’俱乐部表表表表表演时，看到我表表表表妹被她男男男男男友用拳拳拳头打脸。好的，我放下吉他，抓起我的刀杀向他。他们把他推推推推推了出去，我也跟跟跟跟着追了出去。我追出门时他他他他他已经跑到了街对面，我的朋友们一边夺夺夺夺我的刀，一边对那家家家家伙喊，‘我们摁住他了，在夺夺夺夺他的刀呢。’我挣挣挣挣脱开他们，正准备冲冲冲冲向那狗狗狗日的，把他砍个半死时，突然看看看看到一道蓝光一闪。那家伙手手手上多了一把点38口径自动手枪。我说说说说，‘伙计们，都别拉我了，我已经冷静下来了，我这这这这就回去弹弹弹弹我的吉吉吉吉吉他。”

我爱约翰·李写的歌，可威利·迪克森对它们评价不高，说它们简单肤浅。有次威利跟约翰·李明说了。

“你的歌不好，”威利说，“连韵都不押。”

“不不不不不影影影响响响什么。”约翰·李说。

“当然有影响。它们甚至连歌都不算。”

“是吗？那怎么还有那么多人人人人买买买买？”

德国这一路上，约翰·李·胡克叨逼叨个不停。

“妈的，约翰，”“大妈妈”说，“我们受够你的胡说八道了，还有你的磕磕巴巴、结结巴巴，等你把话蹦全能把人急死。”

“你着着着着什什什什么急啊？”约翰·李问道。

“我就是烦透了你的喋喋不休。”

“噢，下下下一个段子你指定喜喜喜喜喜欢。”

“关于什么？”“大妈妈”问道。

“贱贱贱贱贱贱逼。”

连“大妈妈”也笑了。她和我都来了劲，竖起耳朵凑过去听。

“得得得得从我和吉米·里德在底特律的一场演出说起。演演演完后，我俩喝得烂烂烂烂醉，泡了两个女女女女人，她俩可想上上上上我们了。我们四个去去去去汽车旅馆开开开开了两间房，我和我的女女女女人在楼上，吉吉吉吉米和他的婊子在楼下。我准备把这个女人操操操操到这辈子都不想再见见见见到我，但我兜兜兜兜里有 100 美美美美金，我不想失失失去它们。趁她没注注注注意，我把钱塞到床床床床垫下。嗯，我们干干干干得爽爽爽爽死了，然后我就呼呼呼呼大睡了。等我醒醒醒醒来时，那婊婊婊婊子已经跑了。她把床垫下的钱偷走不不不说，还把我的衣衣衣衣服全卷走了，就留留留留了一条内内内内裤给我。我冲冲冲进走廊去追她，身上只穿了一条内内内裤。这时我看到吉米·里里里里德正在楼楼楼楼下跑来跑去。他也只穿了一条内内内内裤，正在找他的婊婊婊婊子。我对他喊喊喊喊道，‘发发发发发生了什么事，混混混混球?’他抬抬抬抬头对我喊喊喊喊道，‘和你遭遭遭遭遇的一样，约翰，我们都被摆摆摆摆了一道。”

这一年，我和小威尔斯一道走进录音棚，灌录了录音室大碟《胡毒男人布鲁斯》。这是我俩第一次携手录音，这张专辑至今仍被人们津津乐道。

小威尔斯打来电话：“你知道鲍勃·科斯特（Bob Koester)?”

“不知道。”我说。

“他有自己的厂牌，叫德尔马克（Delmark)。听说过吗?”

“没有。”

“他说想为我做张唱片，以我的方式去做。”

“怎么说?”

“他说我不需要威利·迪克森之类的人帮做。他希望我自己挑乐手，自己挑歌。他还说歌曲时长不用限在3分钟以内。”

“他会给你钱么?”

“一点点。”

“听起来可行，小威尔斯。”

“你入伙么?”

“他会给我钱么?”

“一点点。”

“你还找了谁?”

“杰克·迈尔斯。”

“他是个好贝斯手。”

“比尔·华伦(Bill Warren)打鼓。”

“没有钢琴?”我问道。

“没有。”

“怎么会?”

“少一个人少分一份钱。入伙不?”

“没问题,歌挑好了没?”

“进棚再说吧,”小威尔斯说,“鲍勃要我重录《胡毒男人布鲁斯》,说那是我录过的最好的单曲。不过自从那张单曲碟被那个 DJ 扔地上踩烂后,我便发誓再也不会录它了。”

“你想录哪首就录哪首,这次是你说了算。”

“太对了。”

录音当天,我刚到就被鲍勃·科斯特拉到一边。他说:“我们应该鼓动他录《胡毒男人布鲁斯》,这样专辑会好卖些。”

“他自有打算。”我说。

小威尔斯要求先录他的《抢走并握住》(Snatch It Back and Hold It)。这首歌是在影射詹姆斯·布朗的《爸爸有了一只崭新的包》(Papa's Got A Brand New Bag)。里面有句歌词甚至是:“我没有一只崭新的包”。这是小威尔斯在和詹姆斯·布朗较劲。

录《猎狗》的时候,我情不自禁地想到了原唱“大妈妈”桑顿。接着我们演绎了“桑尼男孩威廉姆森一世”的《早上好,小女生》和小威尔斯的《在凌晨时分》(In the Wee Wee Hours)。某个时刻,见小威尔斯心情大好,我开口说道,好久没听《胡毒男人布鲁斯》了,都忘了怎么唱的了。听我这么一说,小威尔斯便唱起这首歌来。

“噢不,巴迪,”他说,“我明白你们为什么都要我录这首歌了。”

“嗯,你要是感觉不错,小威尔斯,”我说,“咱们就录它吧。”

终于要录《胡毒男人布鲁斯》了。可就在这个节骨眼上,我的电吉他音箱哑火了。我不得不把连接线插进哈蒙德 B3 电风琴,让吉他声通过它的莱斯利音箱(Leslie Speaker)放大出来。音色很奇怪,不过我一直喜欢奇怪的音色。电吉他和电风琴交欢的音色。小威尔斯听着这个奇怪的音色,脸上露出了笑容。

“嘿,哥们,”他说,“为什么不?”

科斯特没有反对。事实上科斯特不大发表意见。他由着我和小威尔斯主导录音进程,从不指手画脚。这是我第一次参与录制一整张大碟,一晚上搞定。

这张大碟即将推出的时候,科斯特找到我,说我和切斯唱片之间有点问题——没有切斯的许可,我不能为其他厂牌录吉他。

“该死,”我说,“那就换个名字呗。”

于是,“友好的家伙”(Friendly Chap)和小威尔斯这两个名字一道出现在了这张专辑的封套上。

47 年过后,《胡毒男人布鲁斯》还在热卖,封套上的“友好的家伙”也已换成我的本名。他们说它是史上最佳布鲁斯专辑之一。这我不能打包票,不过我和小威尔斯之间的纽带的确加固了。作为一个音乐组合，我们强劲又准确。

虽然我俩后来也为其他厂牌录过一些很棒的东西，但它们从未超越《胡毒男人布鲁斯》。有的专辑，一辈子只做得出一张。

20 世纪 60 年代滚滚向前，我的人生却陷入了停滞。我 30 岁了，虽然俱乐部观众和英国摇滚乐手对我交口称赞，但光靠音乐我还是无法撑起我的家。

我依旧开拖车、修轮胎、换电瓶，每天穿梭在芝加哥的大街小巷拖故障车，东区、南区、西区和北区的地图日益清晰地刻在我的脑海里。一个我在求变，希望成为全职音乐人；另一个我则谨慎地说：有一份稳定的工作总比没有好。

我即将和拖车司机生涯说再见，说实在的，我绝对没有料到会有这一天。

躺　板

“巴迪，有人找。”我的老板说。当时我在力特辛格（Litsinger）公司维修部上班，力特辛格是芝加哥第二大福特汽车经销商。

“跟他说我躺在修车躺板上呢，让他在外头等。”

“他说有重要的事情。”

“好吧，如果他想在我放油时和我谈事的话。”

我继续放油，这时眼前出现了一双脚，渐渐向我移来。

“你干嘛用躺板?”陌生人问道，“用千斤顶不是更方便么?”

“话是没错，”我说，“不过这是一辆重型拖车，千斤顶没能耐把它抬起来。”

“明白了。”

“你是来讨论拖车的?”我问道。

“不，我是来讨论音乐的。我叫迪克·沃特曼，是小威尔斯的经纪人，我认为我也可以做你的经纪人。我能给你揽活，能让你和小威尔斯搭档。”

“小威尔斯跟我提起过你。不过，我对你的提议不感兴趣。”

“为什么?”

“首先，俱乐部的活儿我自己就能揽到，不需要分一杯羹给经纪人。其次，小威尔斯巡演时经常开除乐手，把他们扔在路上。”

“但你应该更想做音乐，而不是开拖车吧?”沃特曼问道。

“开拖车是一份诚实的工作，这样我就不用去偷去抢来养家。我不介意白天开拖车，晚上弹吉他。”

“你晚上会弹不动的。”

“先生，”我说，“我从小就干重活，顶着路易斯安那的烈日摘棉花，相比之下这份工还不赖。到了晚上，一抱起吉他，我就浑身来劲。”

“你在这儿能挣多少钱?”沃特曼问道。

“一个钟头两块钱。”

“钱又少，又危险，你可能会丢掉一根手指。”

“挨饿的话会丢掉一条命。”

“你要是跟着我干，一个钟头肯定不止挣两块钱，这个我可以保证。事实上我会给你开一张远期支票，支付你一年的工钱，是你现在挣的两倍。”

“万一年底我拿着它去兑现，发现成了空头支票呢?”

沃特曼笑了。

“不会的。对了，我听说现在布鲁斯俱乐部都不怎么景气啊。”

我无法反驳。黑人兄弟都去皇家剧院听“艾斯利兄弟”（The Isley Brothers）了。几天前，我在少得可怜的六个观众面前表演。和往常一样，我演得很卖力，就像面对着600个观众，但我难免有点沮丧。

“我会让你振作起来，”沃特曼说，“我会带你去你该去的地方。”

“不然我先跟着你干两个礼拜，请我老板暂时保留我的工作，你看怎样?”

“可以。眼见为实，已经有一拨观众在等你的到来。”

这是一拨白人观众。我们的首场演出在安娜堡市[1]举行，我的好友A.C.里德（A.C. Reed）司职萨克斯。台下挤满了密歇根大学的学生。我紧张不已，上台前先喝了一通。我们使出浑身解数，白人学生全都陷入疯狂。我们互相绊倒对方，嘴啃泥地摔在台上，这让他们更加疯狂。

台下有人对我高喊：“嘿，老哥，会弹亨德里克斯么？亨德里克斯的活儿是不是从你那儿学的?”

“亨德里克斯是谁?”我问道。

“你没听说过吉米·亨德里克斯?”他想知道。

“没有。”

“听说他抱着你的唱片入睡。”

下一站是多伦多蝴蝶百合民谣音乐节（Mariposa Folk Festival）。同台的还有琼尼·米切尔（Joni Mitchell）、汤姆·拉什（Tom Rush）、里奇·黑文斯（Richie Havens），我一个都没听

1 Ann Arbor，密歇根州的一座城市，密歇根大学总校区所在地。上世纪六七十年代，安娜堡曾是自由主义政治、民权运动、反越战运动、学生运动等的中心。

说过。蝴蝶百合的观众人数是安娜堡的1000倍，足足有3万人，几乎全是白人。

抵达现场后，我听到有人说："这位是真巴迪·盖伊。"

我问："假巴迪·盖伊是?"

"小威尔斯的巡演吉他手。布鲁斯乐迷全被《胡毒男人布鲁斯》迷得七荤八素，所以小威尔斯对外宣传说巴迪·盖伊在他的巡演乐队里。"

"晕死!"我又好气又好笑地说。

后来我得知，假巴迪·盖伊是"左撇子"迪兹（Lefty Dizz）。

疯狂的多伦多，疯狂的我。我用我的黑皮鞋敲击吉他，用我的白手帕拨动琴弦。我从舞台上向下"跳水"，落到无数只举起的手上，随即被乐迷平举着传来递去，仿佛我刚刚当选美国总统。我甚至爬上灯塔，从那里开始弹奏。大招都用完后，我脱下汗衫，解开裤扣，这时灯光齐灭，乐迷发出阵阵尖叫，我仿佛成了花衣魔笛手，在引领他们奔向光荣。

最后一站是波士顿47俱乐部，演出同样获得了成功。

事实明摆着——白人愿意花钱听布鲁斯，尤其是年轻白人。就是从那时起，人们开始把这些留着长发的年轻白人叫做嬉皮士。嬉皮女孩不穿胸罩，自由性爱大行其道。我喜欢这个概念。嬉皮士也喜欢抽大麻。他们说飞起来时听布鲁斯感觉更棒。嬉皮士爱布鲁斯，因为布鲁斯和他们一样粗犷质朴，视权贵如粪土。

我对老板说我会在维修部站好最后一班岗，把接替者培训好后再走人。他对我表示理解。一个月不到我就辞职了。从那以后，我成了一名全职音乐人。

除了帮助邦妮·瑞特[1]这样的布鲁斯新人踏上星途，迪克·沃特曼还在帮助老一辈的三角洲布鲁斯歌手重返江湖。这其中就包括桑·豪斯（Son House）。桑·豪斯对我来说很重要，因为他对马迪·沃特斯来说很重要。他是马迪的几位导师之一。马迪爱他。

沃特曼找了桑·豪斯很久，最后不是在三角洲的某个角落，而是在纽约州罗切斯特市找到了他。沃特曼成了他的经纪人，带着他上路巡演。

我和从未谋面的桑·豪斯将在加州的一场音乐会上同台献演。回到旅馆房间，我看到一张便条，是沃特曼留给我的，上面写着："别去桑·豪斯的房间。任何情况下都别给桑·豪斯酒喝。"

我很快就打起了盹。隔壁房间传来了木吉他声，很强劲，还有人唱。让我思念起我母亲的三角洲布鲁斯。一定是桑·豪斯。我全然不顾沃特曼的指令，起身抓起吉他，走出房门。我得朝圣。我跟他说马迪太爱他了，他很开心。他开始弹奏《死亡之信》(Death Letter)，弹着弹着，一颗颗泪珠从他眼眶里滚滚而下。我觉得他像我的叔叔或爸爸。

他在喝酒——橱柜上有瓶喝了一半的威士忌——这我管不着。和他合奏让我感到快乐。他翻飞自如的手指和深沉醇美的嗓音仿佛在告诉我，他一辈子都在磨砺这种音乐。我猜他快 70 了。

沃特曼走了进来，见桑·豪斯在喝酒，不禁勃然大怒。他以

---

1 Bonnie Raitt（1949— ），美国布鲁斯创作女歌手、滑棒吉他手，是布鲁斯界最著名的女性吉他手，获得过 10 尊格莱美奖的肯定。

为那瓶威士忌是我的。

“不是我的酒，先生，”我说，“我没给他酒喝。”

“他的行李是我帮打包的，我查了两遍，确定里面没有酒瓶。”沃特曼说。

“你应该查查你自己的手提箱，”桑·豪斯狡猾地说，“我把酒藏那里面了。”

沃特曼并不开心，但还是忍不住地笑了。我对沃特曼说：“听着，这些老家伙之所以演奏，就是为了能喝上一杯酒，或是上到一个妞。你不能改变他们的方式。这些乐子他们理应得到，还是给他们的好。”

1966 年的一天，威利·迪克森打来电话，邀我为可可·泰勒[1]录吉他。可可来自孟菲斯，已在芝加哥打拼多年。莱昂纳德·切斯急于为她打造一首金曲。录音阵容包括我、鼓手弗雷德·毕洛、贝斯手杰克·迈尔斯、钢琴手拉斐特·利克及两个萨克斯手。我们要录的是威利写的一首歌，名叫《狂欢舞会》(Wang Dang Doodle)，说的是一帮家伙准备开一场狂欢舞会的事。这首歌“嚎狼”唱过，不过没能唱红，威利打算把节奏和吉他改改，看看可可有没有可能唱红它。

他问我有没有什么想法，我说有。我改变了吉他和贝斯的路数，让歌曲多了一股放克味。威利觉得我给这首歌带来了新的活力，便让我来担纲制作。可可嘹亮的嗓音响遏行云。这版《狂欢

---

1 Koko Taylor (1928—2009)，美国黑人布鲁斯女歌手，有“布鲁斯女皇”美誉。

舞会》后来成为切斯出品的最成功的金曲之一。那时我对制作人署名权和制作人版税全无概念，而威利·迪克森和莱昂纳德·切斯也没打算告诉我[1]。

当时，“奶油”（Cream）等英国乐队开始大红大紫。我玩了多年的失真音效开始风靡英国。这些英国乐队开始攻陷美国。

切斯对我很热情，但还没热情到邀我去他家或他办公室作客的地步。我是个信得过的录音乐手，仅此而已。我一首歌都没唱红过，在他眼里我不是个角儿。所以当马歇尔打来电话，说他爸想见我时，我颇感惊讶。我知道他不是让我去领版税。

“巴迪，”坐在办公桌后面的莱昂纳德·切斯说，“我是一个骄傲的男人。”

我没作声。他说的没错。

“我尤其为我在音乐上的眼光感到骄傲，”他继续说道，“我也为我的制作人生涯感到骄傲。这么多年来我从未看走眼，直到碰到你。”

“你的意思是?”我问道。

“我总要求你弹得节制些，不要弹得太闹，弹得太疯。”

我笑了，不过我依然没有作声。

“现在我看到那些英国乐队的唱片卖了几百万张！巴迪，他们的吉他比你的还要吵，还要躁!”

我忍不住哈哈大笑起来。

---

1 这版《狂欢舞会》的制作人署名权被莱昂纳德·切斯、菲尔·切斯、威利·迪克森共享，独独缺了巴迪·盖伊。

“现在美国的乐队都开始拷贝他们了，可他们的东西不都是从你那儿拷贝来的么?”

“他们不只拷贝了我。”我说。

“这不重要，”切斯说，“现在我想做这个动作。”

他起身，绕到办公桌前，看着我的眼睛说：“我这就把屁股撅起来，你对着我的屁股踹一脚吧。”

我长嚎了一声。这画面太美，真想用照相机拍下来啊。老天，切斯音乐帝国的国王请求我踹他的屁股!

我笑得前仰后合，哪还有踹他的力气。而且，他承认他错了已经够了。

他接下来的一句话真的让我吃了一惊。

“你在这儿的下一张专辑，”他说，“就照你自己的路子做,你想怎么做就怎么做。”

“恐怕没有下一张了。”我说。

“为什么?”

“因为我和你签的那些小合约全到期了。一家名叫前卫（Vanguard）的厂牌刚给我开了张1400美金的支票，要我为他们录唱片。”

“你没开玩笑?”

“我严肃得一塌糊涂，支票已经被我存起来了。切斯唱片是一所伟大的学校，我对在这儿受的教育心存感激。但今天是我的毕业日，我准备好继续前行了。”

爸爸的眼睛

上世纪60年代中期的一天，我把老爸接来了芝加哥。不是以音乐之名，而是以棒球之名。他想看他的偶像唐·德莱斯戴尔（Don Drysdale）投球。我们来到瑞格利球场（Wrigley Field），观看芝加哥小熊队坐镇主场迎战道奇队。

“道奇队会派德莱斯戴尔登板主投？”我打电话到巴吞鲁日爸爸家中时，他问道。

“爸，您知道这些投手是轮流先发的。要打三场呢，他登板主投的可能性很大。”

“如果他们不派他上呢？”

“那您会看到山迪·柯法斯（Sandy Koufax）。”

“柯法斯没德莱斯戴尔厉害，力量不够。”

“柯法斯更好，”我争辩道，“他讲策略。罗宾·罗伯茨（Robin Roberts）之后就是他了。”

“你说服不了我。”

“我不需要说服您，爸，我只是希望您来芝加哥看看。”

通过父亲的眼睛看芝加哥真棒。他看到了这座城市好的一面，因为我安排他住我家，让他和他的孙辈玩，驾车带他外出观光。他想看我表演。看到观众知道我的名字，为我的音乐喝彩，他感到由衷的自豪。我带他去切斯唱片，把他介绍给马迪和“嚎狼”。我把他理应得到的爱和关心全都给了他。但我知道，最让他感动的，还是我带他走进瑞格利球场的那一刻。我看到他的眼眶湿润了。

“球场不大，”他环顾着四周，“是的，是座小球场，不过漂亮极了。一直都是在黑白电视机前看它，现在它变成彩色的了。啊，我看到厄尼·班克斯[1]了。老天，老天，老天。”

爸爸对《圣经》的熟稔程度让我惊叹。他对每一章都了如指掌，无论是《新约》还是《旧约》。他熟悉里面的每一个人物。他没读过几年书，却对宗教钻研很深。

“为什么?”我问他。

“想想看，儿子，”他说，“这本书被翻译成几千种语言，读者数以亿计。这样的书没有第二本。这意味着它能告诉我们什么。”

“什么?”

“人不光有肉体，还有灵魂。肉身会死，灵魂永生。我死后，我的灵魂会经常回来看你和所有我爱的人。记住我的话。”

1967 年，爸爸的心脏停止了跳动，享年 57 岁。一年后，饱受中风折磨的妈妈也随他而去，享年 63 岁。如果能享有我今天

---

1 Ernie Banks（1931—2015），前美国职棒球员，职棒生涯都效力于美国大联盟芝加哥小熊队，曾 11 度入选国家联盟全明星赛，两度获得国家联盟 MVP，被认为是当代最伟大的棒球运动员之一。他也是芝加哥小熊队史上第一位黑人球员。

所能享有的医疗条件，他们也许可以多活几年。我相信他们是含笑走的，因为他们的孩子都很争气。他们教会了我们懂礼貌，懂得爱，信仰上帝。

爸妈过世后，我把弟弟菲尔·盖伊（Phil Guy）带到了芝加哥。菲尔后来成了一名出色的吉他手，得到了所有人的尊重。他能弹也能唱，几乎和他的偶像奥蒂斯·雷丁[1]唱得一样好。

小威尔斯到处说詹姆斯·布朗崇拜他，这也许没错。随着《胡毒男人布鲁斯》一炮而红，迪克·沃特曼一再要求我和小威尔斯组成一个永久组合。

“永久这个词分量很重啊。”我对沃特曼说。

“哦，那暂时这个词呢?”他问道。

“好一些。不过我有一个条件。”

“什么条件，巴迪?”

“不用他的乐队，用我的乐队。”

“他应该不肯。”

“这我不管，”我说，“必须用我的乐队。只有这样，他才没法炒乐手的鱿鱼。他只能炒自己的鱿鱼。”

沃特曼笑着说道：“我明白你的意思。”

“希望小威尔斯也明白我的意思。”

小威尔斯明白我的意思。自此，我和小威尔斯展开了长达20年的合作之旅。

---

1 Otis Redding（1941—1967），美国灵魂乐创作歌手，被认为是美国流行音乐史上最伟大的歌手之一；1967年死于飞机失事，时年26岁。

真的有两个小威尔斯。一个是清醒的小威尔斯，另一个是喝醉的小威尔斯。在你患难时，清醒的小威尔斯会把身上的衬衣脱下来给你穿，把钱包里的最后一块钱给你用。清醒的小威尔斯是个甜心，喝醉的小威尔斯则是一个坏脾气的魔鬼。

吊诡的是，小威尔斯遇刺事件发生后，又多出了两个小威尔斯——遇刺前的小威尔斯和遇刺后的小威尔斯。

20 世纪 60 年代末，美国国务院派小威尔斯去越南劳军。小威尔斯出色地完成了任务。他和休伯特·汉弗莱（Hubert Humphrey）的劳军照片刊载在黑人杂志《乌木》（*Ebony*）上。他开心得不得了，觉得自己受到了人们的尊敬。

小威尔斯从越南回来不久，可怕的遇刺事件发生了。我非常同情他，也就更爱他了。看到遇刺前后他判若两人，我的心都碎了。

事件发生在凌晨 3 点的佩珀俱乐部。当时我不在场，不过他们第一时间给我打了电话。

小威尔斯的女友——一个有夫之妇朝他背上捅了几刀。她下手很狠，捅得很深，他的肺被捅破了。她的动机疯狂到难以理喻。这个背着老公和小威尔斯偷腥的女人听到所谓的“朋友”说，小威尔斯正背着她跟“别的女人”在佩珀偷腥，便提着刀赶了过来。“别的女人”和小威尔斯有过一腿还为他生了孩子，不过他俩早就分手了，小威尔斯压根儿不知道她是否也在佩珀俱乐部里。但他的女友不由分说便上去猛捅。

我赶到医院的时候，小威尔斯已经恢复了意识。他执意要回家睡觉。医生说不行，会有生命危险，必须留院治疗。别问我是怎么做到的，反正我说服了这个倔得像头驴的男人——他留了下来。他活了下来。经过一段时间的治疗，他似乎恢复了正常。但他并没有真的恢复正常。那几刀惹怒了他的灵魂，把他变成一个暴躁乖张的男人，如果他的愤怒和酒精纠缠到一块儿，后果不堪设想。

我没有说小威尔斯已经不复当年之勇。他的演奏依然神勇。我和他就像火腿和鸡蛋。不过他的鸡蛋很容易炒熟，把我的火腿和煎锅烤焦。

和前卫唱片签约前，我去多伦多演了一场。演出间歇，我接到了迪克·沃特曼的电话。

"'披头士'想签你。"他说。

"签到哪家公司?"我问道。

"苹果唱片。他们的厂牌。"

"披头士"乐队喜欢我的音乐，想把我签下来，我深感荣幸。但我得知道他们开出的条件。

"预付版税很可观。"沃特曼说。

"告诉他们我想要一栋别墅。我的两层小楼不够家人住了。"

"我会转达。"

第二天，沃特曼再度打来电话。

"他们会买一栋别墅。"他说。

"太棒了，我跟他们签。"

"你能住里面，但房主是他们。"

"这不好。"

"为什么?"

"因为他们随时都可以把我踢出去。我想拥有这栋别墅。"

“我会转达。”

“披头士”不肯让步。我和“披头士”的“姻缘”就此告吹。

我特别喜欢《钱，就是我想要的》，其中有句歌词唱道：“你热爱的东西让你狂喜，可当不了饭吃。”1967 年的一天，约翰·李·胡克打来电话，邀我为他录吉他，我心里一阵狂喜。嗯，不能当饭吃又何妨。他在电话里说：“巴巴巴巴巴巴巴迪·盖盖盖盖盖伊，给我的一首歌录录录录录吉他怎样。”

“约翰，”我说，“棒极了。”

这首歌叫《汽车城在燃烧》(The Motor City Is Burning)，讲的是这一年发生在底特律的黑人大骚乱。[1]

许多人觉得给约翰·李·胡克录吉他很难，因为他老是改节奏、加歌词。我倒没觉得有什么难的。我把椅子拉到他正对面，和他面对面地合奏。我用我的手指和眼睛告诉他，他什么都不用担心。我跟着他的节奏走。他就是改 12 遍节奏、加 6 段歌词我都跟不丢。我紧紧地跟着他。老天，让他带路可真叫人激动。他唱着汽车城在熊熊燃烧，他的家乡被烧得片甲不留，骇人的景象让越南战场都相形见绌……他让我看到了那些画面。这个男人是个真正的诗人，他用真实的生命作画。我看到了走在底特律大街上的士兵、四处蔓延的火焰、恐慌的感觉和他脑海里的困惑。他不管歌词是否押韵，歌曲是否过长。他的表达方式是自由的，比所有的布鲁斯音乐家都要自由。

1　指“第十二街骚乱”，这场骚乱由警方扫荡黑人区一家无牌照酒吧，无端逮捕数十名黑人引起，最终演变成美国历史上最多人死亡的暴动事件之一。

一个朋友曾对我说，毕加索等现代派画家的创作非常自由，想怎么画就怎么画。直线画成曲线，女人脸上画三只眼睛都没事。约翰·李·胡克就是布鲁斯界的现代派画家。

录完《汽车城在燃烧》，我精疲力竭但心情愉悦，那感觉就像刚爬完很多层楼梯或刚酣畅淋漓地打了一炮。

约翰·李满面笑容地看着我说："巴巴巴巴巴巴巴迪·盖盖盖盖盖伊，你随随随随随随时可以来帮我录录录录录吉他。"

"您召之即来，约翰。"

然而这是我俩硕果仅存的一次合作。这就够了。《汽车城在燃烧》是瑰宝。

1968 年，我的新专辑《一个男人和布鲁斯》（*A Man and the Blues*）问世，这是我在前卫唱片发的首张录音室专辑。奥蒂斯·斯潘弹钢琴，韦恩·班尼特弹节奏吉他，我最信赖的杰克·迈尔斯弹贝斯，如心跳般稳定的弗雷德·毕洛打鼓。破天荒第一次拿到预付版税，我心里乐开了花。美中不足的一环是制作人塞缪尔·查特斯（Samuel Charters）。查特斯是一位布鲁斯纯粹主义者，一如把马迪·沃特斯从三角洲挖掘出来的那个家伙[1]。他是一位布鲁斯学者，致力于撰写布鲁斯史书，将它们封存进布鲁斯博物馆。但我才 32 岁，依旧是个想四处撒野的年轻人，还没到进博物馆的时候。查特斯和切斯并没有太大不同。他认为布鲁斯就该是什么模样，认为好的布鲁斯唱片就该由干净的音色组成。我想肆意狂飙，但这不是查特斯想要的。

1 指美国民歌采集者、民俗学者、作家 Alan Lomax。

我喜欢钱，而且乐见黑胶唱片的封套上印着我的大名，所以我作出了让步。前卫唱片没有错——许多乐迷是这家厂牌的忠实拥趸——但我还是觉得自己没能施展出拳脚。

1968 年是死亡之年。除了马丁·路德·金和罗伯特·肯尼迪先后遇刺身亡外，妈妈也永远地离开了我。她的离去最让我悲恸。

4 月，一颗子弹结束了马丁·路德·金年仅 39 岁的生命。美国的每一个黑人以及成千上百万的白人都把它当成是自己的事。就如同你的父亲、叔叔或哥哥遭到了暗杀。我不会参加马丁·路德·金发起的和平游行，因为我做不到以德报怨。人若犯我，我必犯人。但我敬佩他的非暴力理念。神圣且行之有效。

6 月，罗伯特·肯尼迪在洛杉矶遭人枪击，很快便告不治。这波暗杀潮始自 1963 年，这一年黑人民权领袖梅德加·埃佛斯（Medgar Evers）和约翰·肯尼迪总统遭到暗杀。1965 年，另一位黑人民权领袖马尔科姆·艾克斯（Malcolm X）遇刺不治。它让我们相信我们生存在一块暴力的土地上。

小沃尔特是布鲁斯圈里的暴徒之一。他不抑制自己的怒火。事实上他从不抑制自己的一切，无论是吹奏、喝酒、赌博，还是搞女人。他身上从头到脚都有伤疤。他随时会对自己不喜欢的人动刀子。这是他的方式。他喜怒形于色。也许这就是他成了最牛口琴手的原因。

有天清晨，我在街上撞到了小沃尔特。当时我刚刚结束在特丽莎俱乐部的夜场演出。

“嘿，狗娘养的，”他说，“看到我婆娘了？”

“是的，”我说，“她和她妈在特丽莎里。”

“她没给我做吃的，我回到家，桌上空空如也。我这就进去揍她一顿。”

“使不得，小沃尔特。她老娘比谷仓还壮实，比骡子还强悍。她老娘不会让你得逞。”

“我有法子，”他说，“但我得先喝点。”

“好吧，你进去喝一杯吧。”

“你请我喝一品脱。”

我暗自心忖：**他可是推出过红到发紫的《自动点唱机》的小沃尔特啊。**当然这是多年前的事了。他这些年挺不容易的。他挨过枪子儿，走路一瘸一拐。

我给他买了一品脱威士忌。

“巴迪，我们一起揍扁她们吧。”

“别介，先生。”我说。

“你害怕了？”

“是啊，我害怕，那两个女人是野兽。”

“她俩没那么可怕。”他说。

“够可怕了。”

“巴迪，我们布鲁斯乐手应该团结一致。”

“对，”我说，“音乐上是该如此，但被两个愤怒的婊子暴打时就不用了。”

“所以我得单枪匹马搞定？”他问道。

“我肯定不参与。”

“你觉得我打不过她们？”

"她们能把你打废，小沃尔特。"

"看我怎么收拾这两个臭婆娘。"

我站在门口，目送小沃尔特大步流星地走到她俩桌前。他对她们破口大骂，愤愤不平地说他肚子饿得咕咕叫，多么希望看到桌上有吃的。她俩不甘示弱地予以回击，痛批他为什么不自己动手做该死的吃的。

"我操你们两个婊子！"他愤怒地吼道。

小沃尔特把手里握着的一把盐和胡椒粉猛地朝她俩眼睛撒去。两人还没反应过来，脸上就吃了他几记老拳。等她俩用水把眼睛清洗干净，他早已一瘸一拐地扬长而去了。

小沃尔特最后的日子令人伤感不已。

1968 年冬天，小威尔斯把他的死因告诉了我。

"我看到小沃尔特在街边跟人掷骰子赌钱，就在特丽莎俱乐部附近，"小威尔斯说，"轮到一个家伙掷的时候，他朝小沃尔特屁股后头一掷。他赢了，不过小沃尔特说这不公平，朝人屁股后头掷的，赢了也不算。那家伙伸手去拿钱，却被小威尔斯抢先一步攥在手里。然后那家伙抄起锤子敲了小沃尔特的脑袋。小沃尔特被敲得晕晕乎乎，只能眼睁睁地看着钱被那人拿走，不过他人似乎无碍，也没倒下。小沃尔特回家后跟婆娘说头痛想睡觉。他婆娘没往坏的方面想，就给他拿了水和阿司匹林。他很快就睡着了，不过再也没有醒来。他被打成脑震荡，死于脑出血。"

小沃尔特的死因还有其他版本，不过小威尔斯赌咒发誓说他亲眼见到那一锤敲下去。小沃尔特短暂的一生值得大书特书。他死时年仅 37 岁。他和我一样从路易斯安那来到芝加哥闯荡，试图在芝加哥布鲁斯界闯出一片天。不同的是，他发明了一些新东西。他们说金·奥利弗（King Oliver）和路易斯·阿姆斯特朗（Louis Armstrong）发明了爵士小号。他们说杰利·罗尔·莫顿（Jelly Roll Morton）发明了爵士钢琴。他们说查理·克里斯蒂安（Charlie Christian）发明了爵士吉他。他们说科尔曼·霍金斯（Coleman Hawkins）、莱斯特·杨（Lester Young）和查理·帕克发明了爵士萨克斯。他们还说小沃尔特发明了布鲁斯口琴。小沃尔特之前没有那种口琴声。小沃尔特之前没有人能让口琴像女人或婴儿般呜咽。小沃尔特之前没有人能用口琴吹出痛苦，更别说把痛苦吹得感人心脾。小沃尔特之前没有人知道口琴也可以像小号和萨克斯一样让人驻足惊叹："噢，我的上帝啊！"

他少年成名，之后一直在走下坡路。反观同样天赋惊人的比比·金、马迪·沃特斯和约翰·李·胡克，事业却都扶摇直上。一个重要原因是，这三位大师都找到了非常得力的演出经纪人，而小沃尔特一直没能找到。是因为小沃尔特太难合作？是因为他们没能看到小沃尔特的伟大？抑或只是因为小沃尔特命衰？比比、马迪、约翰·李命好。小沃尔特命衰。

有些毫无才华的音乐人富得跟洛克菲勒似的，可有些才华超绝的音乐人死的时候却一贫如洗。坏习惯与之有很大关系，坏运气亦然。坏习惯和坏运气会同时落在一个才华超绝的人身上，我就曾经见过两例——吉米·亨德里克斯和詹尼斯·乔普林。

“这帮家伙是谁？”

1967 年，我和小威尔斯受邀献演新港民谣音乐节（Newport Folk Festival）。这要拜马迪所赐——数年前，马迪在这类音乐节上征服了观众，同时也敲开了一扇大门，让其他布鲁斯乐手得以走了进来。

抵达音乐节现场后，有人说我们得先开一场“研讨会”（workshop）。我不懂，他解释道：“就是对部分乐迷弹奏你们的音乐，再聊聊它们是怎么做出来的，乐迷可以自由提问。这是让他们了解你们的一个机会。”

听起来不错。

“有多少人参加?”我问道。

“几十个吧。我们搭了帐篷，准备了折叠椅。”

我和小威尔斯提早去指定的帐篷试音。谁料里面已经挤满了人。我们移师到一个巨型帐篷。里面很快又挤满了人。所有人只能站着。别的帐篷里坐着上百人，我们的帐篷里站着上千人。

我听到乔治·韦恩[1]在问:“这帮家伙是谁?”

乔治·韦恩没听说过巴迪·盖伊和小威尔斯，不过观众听说过。

同年，我在旧金山阿瓦隆舞厅[2]演了几场。这是我第一次体验嬉皮场景。是那些嬉皮乐队自己找上门来的。“杰弗逊飞机”乐队(Jefferson Airplane)就曾邀我为他们暖场。

我来阿瓦隆舞厅前有点紧张。白人嬉皮乐手喜欢我，但他们的乐迷呢?他们希望我唱泰克斯·里特[3]?他们想听摇滚乐?我说不准。我不打算冒风险，所以我制造了一场“苗条吉他”式的疯狂表演。嬉皮观众爽得跟性高潮来了似的。

嬉皮士大谈自由性爱，我的内心蠢蠢欲动。我上了两个嬉皮女孩，体验了一回她们口中的自由性爱。是的，先生，我没看出自由性爱有什么不妥。

嬉皮士对我的喜爱把我带到了纽约“场景”(The Scene)俱乐部。这是我在国际大都市的处子演出。天晓得那晚我是怎么弹的。我只记得自己把吉他夹在大腿间弹，放在背上弹，顶在头上弹。

演出间隙，沃特曼对我说:“吉米·亨德里克斯来了。他想录你的现场，想和你合奏。”

---

1 George Wein(1925—)，被称作“爵士乐史上最著名的主办方”，新港爵士音乐节创办人，新港民谣音乐节联合创办人。

2 Avalon Ballroom，旧金山摇滚乐演出场所，存在于反文化运动达到最高潮的1966—1969年间。

3 Tex Ritter(1905—1974)，美国著名乡村歌手及演员，乡村音乐名人堂成员。

我对亨德里克斯几乎一无所知，也就在安娜堡演出时听说过他的名号。没听过他的歌，不明白人们为什么那么迷他。

“没问题，”我说，“让他录，让他飙。”

亨德里克斯走了过来，在舞台前面架设了一台开盘录音机。他的外形打扮很狂野，言谈举止却很害羞。他与我配合得丝丝入扣，而随着他飙起 solo，我意识到他和我一样热衷寻找新的音色，并且不介意有点脱轨失序。他很倚重哇哇踏板——厄尔·胡克比他早用，但远没他那么倚重。他的东西不同寻常。

合奏完毕，他走过来谢我。

“您是我的老师之一。”他说。

我深感荣幸，不过我不记得有人交过我学费。我祝他好运，之后再也没有见到过他。

我们的第一批白人粉丝是迈克·布隆菲尔德、保罗·巴特菲尔德、史蒂夫·米勒（Steve Miller）、埃尔文·毕夏普（Elvin Bishop）等白人布鲁斯乐手，他们来到芝加哥黑人聚居区旁听我们弹奏。他们的乐队蹿红后没把我们给忘了。他们告诉媒体：“去听马迪和小沃尔特，去看‘嚎狼’和约翰·李。别忘了巴迪。他们是先驱。”我并非先驱，不过很高兴看到自己位列其中。

约翰·马雅（John Mayall）、埃里克·克莱普顿、杰夫·贝克、米克·贾格尔和基思·理查兹等英国乐手在美国扬名立万后，同样身体力行地诠释“饮水思源”。他们巡演时会请我们暖场，同时告诉他们的粉丝：“这几位是真正的厉害角色，去买他们的唱片，把欠他们的钱还给他们。”

1969年，美国国务院派我去非洲演出。我带上了弟弟菲尔，希望能帮助他从失去双亲的痛苦中走出来。我俩登机前喝了好多酒，我有点紧张，不知道会看到一个什么样的大陆。我小时候看过几部关于泰山（Tarzan）的电影，不过真实的非洲肯定不是片里的模样。真实的非洲是什么样子的?

我跑遍了东非和西非，看到的每个非洲国家都不一样。有些国家还很原始，女人赤裸着上身在沟渠里洗衣服。另一些则要现代点。美国和平队（The Peace Corps）护送我们。我们在外交官家里就餐。他们不喊我们的司机进来一块吃，这让我很恼火。外交官家里有空调，而外面气温高达华氏120度！我说我吃不下，司机在外头会中暑的。外交官是黑人，然而却看不起我们的司机，就因为他的肤色要浅一点。真有意思，非洲黑人之间的歧视和美国黑人之间恰恰相反。在非洲，肤色越浅的黑人越感到低人一等；在美国，肤色越深的黑人越感到低人一等。都讲不通。所有的歧视都很操蛋。

伊迪·阿明[1]接见了我，要我弹奏给他听。我弹得很卖力。当我后来知道他是个杀人狂魔时，不禁心有余悸：**“老天，我当时要是弹错音会掉脑袋么?”**

回到芝加哥后，有人问我这次非洲之行有没有回家之感。

“没有。”我说。这次非洲之行让我大开眼界，我以为我知道贫穷，但到了非洲，我才知道什么是真正的贫穷。当然，作为一个黑人，我对他们的境地感同身受。他们的音乐和舞蹈对我来说很新鲜，但也非常老旧。非洲在我灵魂深处，是我的根，但不是

1　Idi Amin（1925—2003），东非国家乌干达前总统、军事独裁者。这个暴君在统治乌干达期间杀害了数十万乌干达人，被称为“非洲屠夫”、“食人总统”。

我的家。我的家在路易斯安那。没有什么能改变这一点。

几周后，我和比比·金在芝加哥的奥黑尔国际机场不期而遇。我们的飞机都晚点了，所以我们有时间喝杯咖啡。

“我们擦肩而过，就像两艘夜航的船，是吧，比比？”

“妙极了，巴迪，”他说，“我真幸运，一直都有演出机会。”

“永远都会有的。你是比比·金。”

“但我的老观众正在流失，许多黑人有钱了，成了中产阶级，不想再听布鲁斯了。”

“是的，比比。”

“当然是。不过我们有了庞大的新观众——年轻的白人。他们的父辈对我们的歧视在他们身上全然不见。”

“是件美好的事。”我赞同道。

“如果没有那些英国乐队，我现在还混迹在密西西比的小酒吧里呢。待会儿我就要登上飞往纽约的航班，前往‘费尔摩东’[1]。比尔·格雷厄姆（Bill Graham）安排我和‘飞鸟’乐队（The Byrds）同台演出。你去哪儿演，巴迪？”

“加拿大的一个嬉皮巡回音乐节。我们乘火车在四五个城市巡演，他们说会盖过伍德斯托克。”

“吉米·亨德里克斯在阵容里？”

“不在，”我说，“不过詹尼斯·乔普林在。”

1　Fillmore East，摇滚演出主办者比尔·格雷厄姆 1968 年 3 月创办于纽约东村的演出场所，虽然只开了 3 年 3 个月便关门大吉，却是摇滚史上的重要演出基地，被誉为“摇滚乐的教堂”，与格雷厄姆创办于旧金山的另一处传奇演出场所“费尔摩厅”遥相呼应。

“你不准备搞嬉皮女孩吧，巴迪?”

“一有机会就搞。”

我飞往多伦多，登上一辆满载詹尼斯·乔普林、汤姆·拉什、The Band、“感恩而死”（The Grateful Dead）、“飞翔的伯里托兄弟”（The Flying Burrito Brothers）、“伊恩和西尔维娅”（Ian and Sylvia）、“大斑点鸟”（The Great Speckled Bird）等北美乐队的“节日快车”[1]。第一站是多伦多，然后是温尼伯和卡尔加里。我们在室外表演，面对着数以万计的人潮。詹尼斯·乔普林压轴。人们叫它“车轮上的伍德斯托克”。

其他乐队都很尊敬我。詹尼斯简直不能更友好。虽然她贵为嬉皮国度的女王，可是一点架子都没有。她和南方安逸酒（Southern Comfort）形影不离，就像婴儿紧握着牛奶瓶不放一样。她飘飘欲仙，我们所有人都是。列车上的毒品琳琅满目，令人惊奇的是它们没有飘飞上天。嬉皮乐手们很有意思，前脚过完大麻瘾，后脚便来蹭我们的威士忌和葡萄酒。我没有意见。空气里都是爱的味道。有谁不喜欢爱的味道?

当时，肯特州立大学枪击事件才过去一个月，政治狂热的气氛迅速蔓延。太多年轻人想涌入场内，他们开始冲撞大门。骚乱爆发了，主办方疯了。孩子们说10块钱一张票太贵——那时候10块钱不是个小数目——音乐应该是免费的。我的演出费不是很高，不过我不在乎，因为我的新观众喜欢我的音乐。与此同

1　Festival Express，“节日快车”是这辆列车的名字，也是这次巡回音乐节的名字。

时，嬉皮乐手们抱怨起加拿大威士忌不够烈，度数不会超过28……所有这一切都被摄像机记录了下来，最终汇成同名纪录影片《节日快车》。

我爱这次巡回音乐节，乐手和乐迷之间的神奇感应让我着迷。我没有抽大麻，不过无论是坐在列车里，还是站在舞台上，我都在被动地吸入二手大麻，体验着欣快的感觉。

一场演出前，“感恩而死”主脑杰瑞·加西亚（Jerry Garcia）走过来说：“巴迪，吸两口，你将弹出一些你从没听过的东西。”

他递给我一支大麻烟，我吸了几口。

演出后，杰瑞问：“怎样？”

“我没听到什么。”我说。

我和大麻有缘无分。

两个月后的1970年9月，“滚石”乐队邀请我和小威尔斯为他们的欧陆巡演暖场。我们去了芬兰和法国，那儿的阵势比“节日快车”还要大。我说的是足球场。米克和基思很棒，总在夸赞我和小威尔斯。但不是所有“滚石”粉都像他俩一样善待我们。

在有些城市表演时，台下嘘声一片。那些喝倒彩的乐迷是冲着他们的“滚石”来的，而不是两个来自芝加哥的布鲁斯乐手。如果我是一个住在赫尔辛基的嬉皮，用自己的辛苦钱买了张“滚石”的门票，我也会恼怒不已。我为他们感到遗憾，真希望自己能奏出他们想要的东西。

所到之处还是有不少布鲁斯乐迷，我和小威尔斯奏出了他们想要的东西。他们告诉我，他们知道布鲁斯是因为“滚石”乐队。基思·理查兹在接受杂志和电视采访时提到了马迪·沃特斯，乐迷们便追根溯源去听马迪·沃特斯。就像比比·金说的那样，这拨英国乐手带着我们一道上路。

我知道“滚石”乐队是派对动物，不过这轮巡演他们很低调——去年冬天，加州阿尔塔蒙特的“滚石”演唱会上发生了一桩凶杀案。[1]

就在这个9月，吉米·亨德里克斯的死讯从伦敦传来。他死于27岁。一个月后，詹尼斯·乔普林的死讯从洛杉矶传来。詹尼斯也进了“27岁俱乐部”。

他们的死让我很伤心。我和他们虽然不熟，但能看出他们才华横溢，前途无量。吉米·亨德里克斯打破了界限。在他之前，艾克·特纳、厄尔·胡克、尤其是“吉他”约翰尼·沃森（Johnny Guitar Watson）也在打破界限，但吉米有勇气闯进新领地。他不畏惧带着电吉他攀上高高的马歇尔音箱墙。他制造的震天音浪能把你在墓中沉睡的祖母吵醒。他要的就是这个效果，他知道乐迷们想听到什么。

詹尼斯自己的偶像是蒂娜·特纳[2]和埃塔·詹姆斯。她第一个坦承她的“妈妈”是黑人。她的唱腔是黑人式的。她证明了肤色和灵魂的深浅一点关联都没有。詹尼斯有一颗深邃的灵魂，然

---

1 1969年12月6日，“滚石”乐队在加州阿尔塔蒙特举办了一场免费演唱会，演出进行中，负责安保的“地狱天使”摩托党将一名黑人观众刺死，这次事件被许多人认为是20世纪60年代乌托邦之梦终结的标志。

2 Tina Turner（1939— ），瑞士籍美国歌手、女演员、舞者、作家。在她长达五十多年的演艺生涯中，凭借无数奖项的肯定以及对摇滚领域的贡献，被称为“摇滚女王”。她被认为是最成功的女性摇滚艺人。

而她和吉米一样是一颗流星，纵情燃烧，迅速燃尽。

真叫人心里难受。

与“滚石”巡演期间，我得到了一个美丽的惊喜。在巴黎站的后台，埃里克·克莱普顿带着一个模样滑稽的家伙走到我跟前，这人长着一张外国外交官的脸。

“这位是大西洋唱片（Atlantic Records）总裁阿迈特·厄尔特冈（Ahmet Ertegun）。”埃里克说。

我和厄尔特冈握了握手。他开始说他有多懂布鲁斯。他真的很内行。而且，雷·查尔斯、露丝·布朗（Ruth Brown）、所罗门·伯克（Solomon Burke）、威尔逊·皮克特（Wilson Pickett）等大腕便是大西洋唱片旗下艺人。大西洋唱片炙手可热。

“阿迈特追着我满美国跑，”埃里克说，“我说他追错人了，他该追的人是你。”

“我刚才看了你的演出，巴迪，你太棒了，”厄尔特冈说，“我想为你和小威尔斯打造一张真正的布鲁斯专辑。我希望你们能超越《胡毒男人布鲁斯》。”

“阿迈特非常尽心尽力，”埃里克说，“他将亲自担任联合制作人，和你一起制作这张专辑。你怎么说？”

“我觉得很牛逼。我已经准备好了，小威尔斯也是。说吧，什么时候录？在哪儿录？”

“下个月，迈阿密的标准（Criteria）录音棚，”埃里克说，

“我和我的‘德雷克和多米诺’乐队[1]正在那儿录专辑。”

“德雷克和多米诺”的《蕾拉》(Layla)后来成了超级大金曲。然而，我和小威尔斯的这张《弹布鲁斯》(Play the Blues)却差点胎死腹中。

埃里克是个忠诚的朋友，有一颗美丽的心灵。最近他跟我解释说，当时他沉湎于毒品和酒精，变得人不像人鬼不像鬼。至于厄尔特冈，他成天在海滩上晒太阳。录音期间我几乎就没见着他。没有管事的人。约翰博士[2]担任键盘手，他说：“你们同时在朝五个方向走。而且，你们排的时候弹得更好，但没人为你们录下来。”

我向厄尔特冈抱怨，他说：“巴迪，别担心，宝贝。弄完这张，下一张去马斯尔·肖尔斯(Muscle Shoals)录音棚录。在那里，我将为你带来金曲。”

我激动坏了。我太想去马斯尔·肖尔斯录音棚了，威尔逊·皮克特、艾瑞莎·富兰克林(Aretha Franklin)、佩西·斯莱奇(Percy Sledge)的多首金曲便诞生在那里。我不再抱怨混乱的局

---

1 Derek and the Dominos，摇滚史上的传奇布鲁斯摇滚乐队，成军于1970年春天，翌年便告解散。创团阵容包括吉他手兼主唱埃里克·克莱普顿等四人。1970年8月，乐队来到迈阿密标准录音棚录制专辑 *Layla and Other Assorted Love Songs*。8月26日，这张专辑的制作人 Tom Dowd 带克莱普顿去看 The Allman Brothers 乐队的演出。当晚，克莱普顿与 The Allman Brothers 乐队灵魂人物、摇滚史上的另一位顶尖吉他手 Duane Allman 一见如故，当场邀请 Duane 参与 *Layla and Other Assorted Love Songs* 的录制。随后，Duane 加入了“德雷克和多米诺”乐队，为这张专辑贡献了精彩的滑棒吉他弹奏。*Layla and Other Assorted Love Songs* 被认为是埃里克·克莱普顿一生中最伟大的专辑之一，同时也是布鲁斯摇滚乐的巅峰之作。1971年10月，Duane Allman 死于摩托车事故，享年24岁。Duane 在2003年《滚石》史上百大吉他手排名中位列第二，仅次于吉米·亨德里克斯。

2 Dr. John (1940—)，原名 Malcolm John Rebennack 的美国创作歌手、钢琴手、吉他手，拿过六尊格莱美奖，2011年入驻摇滚名人堂。

面，而是胡乱应付过去。

我和小威尔斯在迈阿密没录出好东西。旋律老套，打榜糟糕，我浪费了一次在大厂牌出头的机会。

离开佛罗里达时，我再度巧遇比比·金。“哦，天哪，”我说，“您有首歌他们隔五分钟就放一遍。”我说的是《激情已逝》(The Thrill is Gone)。

“这是我迄今最火的一首，巴迪。”

“《三点钟布鲁斯》很火，比比。”我说。

“那仅限于黑人。《激情已逝》都成白人电台的热播曲了。就是常放格伦·坎贝尔[1]、‘卡朋特’[2]的那种电台。”

“我为您感到高兴，比比。”

“你要出新专辑了，巴迪？你好像赶对时代了。”

“在迈阿密录的，录得一团糟，被他们雪藏了，说加点糖再出。”

“制作人是谁？”

“问题就出在这儿，比比，没人知道制作人是谁。”

“哦，一定会有好结果的。”

我不确定。

直到两年后的1972年，这张《弹布鲁斯》才得以问世。他

---

1 Glen Campbell（1936— ），美国乡村乐坛常青树、吉他手、电视主持人，推出过七十多张专辑，一共卖出了4500万张。

2 The Carpenters，美国歌手理查德·卡朋特和卡伦·卡朋特兄妹二人组成的演唱组合，20世纪70年代和80年代初期风靡一时。在华语地区他们演唱的《Yesterday Once More》(昨日重现)、《Top of the World》(世界之巅)等歌曲广为人知。1983年2月4日，卡伦·卡朋特因长期严重神经性厌食症而去世，“卡朋特”随之告终。

们把我和小威尔斯神情最悲伤的一张合影放上封套。悲伤的照片。悲伤的唱片。悲伤的销量。悲伤的承诺——阿迈特·厄尔特冈没有兑现带我去马斯尔·肖尔斯录音棚录音的承诺，一直到10年后，我才有了与大厂牌的第二次合作。

前路艰难。但再艰难都赶不上1970年2月的一个晚上，我在多伦多见到的一幕。

当晚我在梅西剧院（Massey Hall）表演。上台前，主办方把我拉到一边："有人想和你同台合奏，你可以拒绝，不用勉强。他的朋友渴望他登台亮相，但他不好意思跟你开口。"

"他叫什么?"

"你可能没听说过他，但他多年前曾红极一时。"

"他叫什么来着?"

"朗尼·约翰逊。"

我震惊了："唱《明天晚上》的朗尼·约翰逊?"

"他的歌我不熟。"

我扫视了一下四周，见到一位抱着吉他、气度不凡的白发老绅士。是他，我认出来了，我见过他的照片。我走过去对他说："朗尼·约翰逊先生，很荣幸见到您。"

"谢谢，先生。"

"我自始至终都爱您的弹奏和嗓子。"

"我不晓得你知道我。"

"人人都知道朗尼·约翰逊，比比·金无数次提到您。能和您合奏真是三生有幸。您随便唱，我跟着您弹。"

朗尼当时已是古稀之年，但当他抱着吉他唱歌时，你恍然觉得是个小伙子在歌唱。聆听着他美妙的嗓音，感受着他温柔的灵魂，我不禁泪流满面。

我问他还住在家乡新奥尔良么？

“哦，不了，巴迪，”他淡然地说，“路易斯安那人都把我忘了。我住在加拿大，有好人照顾我，我是幸运的。”

我不觉得他是幸运的。他那辈的伟大艺人大多过着安逸的生活。宾·克罗斯比[1]不需要靠救济过活。佩里·科莫不需要申领补助金。吉恩·奥特里富得足以买下一支棒球队。伫立在我面前的是一位鼓舞过几打伟大艺人、能让总统和国王脱帽致敬的布鲁斯巨擘，谁想到他的晚年却落得如此境地。

几个月后，朗尼·约翰逊与世长辞。绝大多数报纸都没有报道他的死讯。少数报道了的，也只是把它放到了不起眼的角落里。

与布鲁斯同生是一回事，与布鲁斯共死又是另一回事。

---

1 Bing Crosby（1903—1977），影史最受欢迎的演员之一、流行乐史最受欢迎的歌手之一，1934—1954 年间是他的鼎盛期。他的唱片共计卖出了天文数字般的五亿张。

监狱布鲁斯

我是监狱的常客，不过不是进去蹲监。我去捞小威尔斯出来。

一天，一个我认识的条子来到我表演的俱乐部，给我戴上手铐。

“我犯什么事了？”我问道。

“你没犯事，是你认识的人犯事了。”

“你不能因为我认识他就逮捕我。”

“我没逮捕你，怕你逃跑而已。”

他把我押出门，塞进警车。

“谁犯事了？”我问。

“你兄弟。”

“我弟弟菲尔刚才就在我旁边，我们一道演奏来着。”

“不是你亲兄弟，”条子说，“是你的黑人兄弟。”

“如果你说的是该死的混账小威尔斯，我是不会负责的。”

“他说你为他做的一切负责。而且除了你没人保释他。我们也不想关这个人，烦透他了。”

“我该怎么做？”

“给我 250 块，我就开释放证明书，粉红色的。”

噢，老天，我心里念叨着：历史又重演了。

我交了钱，拿到了可以带小威尔斯回家的释放证明书。我来到关押小威尔斯的囚室。他蜷在角落里，鼾声大作，仿佛什么都没有发生过。

看管小威尔斯的狱警得有 350 磅。他在把玩一副镣铐，上面有钥匙。

“老兄，”我说，“我来接小威尔斯出去。”

“释放证明书带了？”

“带了。”

“粉红色的？”

“跟阴户一样粉红。”

“我要看绿色的。”他说。

“我已经给那条子 250 块了。”

“不想那 250 块打水漂的话，给我 15 块。”

我在口袋里摸了半天。只有 5 块钱。

“我最后的 5 块钱，”我说，“5 块相当不少了。”

“这 5 块我先收着，你进去跟他拿 10 块，他身上肯定有 10 块。”

“万一他身上没有呢？”

“那你就睡他旁边。”

“你准备把我锁里面？”

“给我 15 块，其余免谈。”

“等等，老兄，”我说，“你最好和我一道进去，我不想你在外头，我在里头。我不想陪他坐牢。”

狱警乐了。我和他肩并肩地走了进去。我害怕他突然转身跑出去把门锁上，所以我赶紧用手指戳小威尔斯。

“小威尔斯！”我高声喊道，“醒醒，快给我 10 块钱，我得付给这位仁兄。”

不知是从好梦还是噩梦中醒来的小威尔斯咕哝道：“一个子儿都不给你。”

“为了捞你出来，我已经花了 250 块了。”我说。

“哦，你回去取些钱来，我们买酒喝。”

连大块头狱警都忍不住笑了。不过他依然要求我搜小威尔斯的身——我搜遍小威尔斯全身口袋，只找到两块钱零钱。狱警没有嫌少，我这才把小威尔斯捞了出来。

是音乐让这趟麻烦不断的合作之旅变得值得。虽然我们这个组合没能挣到大钱，虽然小威尔斯没能和詹姆斯・布朗一样红（他一直以为自己能红过詹姆斯的，我们怎么说他都不信），但我们之间的化学反应的确神奇到难以解释。

我们像一对小夫妻一样争吵。他不会弹吉他，我也不会吹口琴，不过我们都会唱。我喜欢他的唱，他想唱多少我就让他唱多少。毕竟，他在马迪的乐队里待过，而我没有。他资格比我老。但这不代表我得承担更多的开支。

我们的第一辆巡演面包车是我买的。车子被我开垮后，我认为该轮到他买了。他拒绝了。所以我拒绝与他合奏。所以他改变了主意。然后他开始喝得更多。我把他喝得不省人事的样子拍下来贴在俱乐部里。他不在乎。医生对他说，他的肺被刺破过，不能抽烟，所以我把他的烟藏了起来。“没关系，”他说，“我再去买一包。”他就是这么做的。

《胡毒男人布鲁斯》之后，我和小威尔斯再接再厉，合作了好几张专辑，其中最好的一张是《巴迪和两小》（*Buddy and the Juniors*）。制作人迈克尔·库斯卡纳（Michael Cuscuna）促成了它的诞生。

有天在费城，我和库斯卡纳聊天时碰巧说道：“迈克尔，那些摇滚乐手的马歇尔音箱堆得跟山一样高，音量大得在阿拉巴马都能听到。”

“你喜欢吗，巴迪？”他问道。

“我喜欢。我向来喜欢大音量，不过有时音量大得只剩下大音量了，灵魂感受不到了。”

“你愿意换种方式做张专辑？”

“你的意思是？”

“我的意思是做一张不插电专辑，”迈克尔说，“没有贝斯手，没有鼓手。就你和小威尔斯。顶多再加一个钢琴手。”

“你心里的人选是？”

“爵士钢琴手小曼斯（Junior Mance）怎样？这样我们就可以叫它《巴迪和两小》。”

我乐了，不得不承认这是个好主意。

我和小威尔斯、小曼斯聚首纽约，灌录这张专辑。

我们先是录了布鲁斯老金曲《胡奇库奇男人》和《五年之久》（Five Long Years）。小威尔斯和小曼斯状态极佳，我们三个的碰撞火花四溅。没了电流声，我聆听着四周的空旷，感觉很棒，呼吸起来也极为舒畅。我们越录越顺手，越录越舒服，接下来，我们录了《明明在聊女人》(Talkin' 'Bout Women Obviously)、《主旋律就是连复段》(A Motif Is Just a Riff)、《巴迪的布鲁斯》(Buddy's Blues) 等曲目。同年 (1970 年)，蓝拇指唱片 (Blue Thumb Records) 推出了这张唱片。

1971 年，我 35 岁的时候，已经是八个孩子的父亲。除了早年菲莉斯给我生的两个女儿外，其他六个孩子的母亲都是琼。三个女孩：夏洛特、卡莱尔和科琳；三个男孩：乔治、格雷戈里和杰弗里。我们一家八口住在芝加哥南区的一栋两层小楼里。上路巡演成了家常便饭后，我和琼的婚姻变得脆弱起来。我负责赚钱养家，但琼想要更多，我理解。孩子们想多和爸爸相处，我也理解。巡演归来的我疲惫不堪。不巡演时我也得表演到凌晨才能回家。琼和孩子们住在一个世界，我住在另一个。

一件意外的事依然深印在我的脑海中。发生在我购入一辆樱桃红车身、白色帆布车顶的凯迪拉克“埃尔多拉多”后。凯迪拉克在我眼中就是一位曲线优美、性感迷人的大美女。等不及上她了。每个认识我的人都看到我上了她，我骄傲极了。

一个月后的一天晚上，睡得迷迷糊糊的我感觉有点不对劲。我睁开眼睛，见琼正拿一把拆信刀刺向我。我下意识地一躲，逃过一劫。我得知道她为何如此疯狂。

“我不需要告诉你，”她说，“你做了什么自己清楚。”

“我没做什么。”我说。

“胡说。你脸上写满了内疚。”

琼摔门而去，我一头雾水。冷落了我一周后，她跟我摊牌了。

“上周二，”她说，“我的两个女友说在海德公园看到你载着白种女人兜风。”

“那不是我。”

“你有一辆樱桃红车身、白色帆布车顶的‘埃尔多拉多’？”

“你知道我有。”

“好吧，一个黑人开着樱桃红车身、白色帆布车顶的‘埃尔多拉多’带白种女人兜风，不是你是谁？”

“不是我。”

“我不信。”

“你没必要信。”

“怎么证明那不是你？”她问道。

“怎么证明那是我？”

“你撒谎。”

就在这时，我们 11 岁的女儿夏洛特说道：“上周二爸爸早早就回来睡了。我在做作业，所以记得。”

“我回来时没看到他的车。”琼说。

“爸爸把车停车库里了。他说他不希望你们知道他回来了，因为他不想被打扰。”夏洛特说。

直到在海德公园找到了那辆一模一样的凯迪拉克，她才知道我没有撒谎。我在等她的道歉。

我还在等。

我不是想说我是个好鸟。作为一个丈夫，我不完美。远不完美。巡演路上，我没有洁身自好。但我尽量小心遮掩，不想让孩子他妈感到尴尬。

当我和琼的感情明摆着覆水难收时，我开始四处寻欢。有段时间，我乱搞一气，和许多女人都有过一腿。不过，乱搞不是我的作风。尝了许多乐子后，我还是想安定下来。离婚后，我开始寻找下一任妻子。我记得爸妈之间的快乐。我想找到他们之间的那种爱情和信任。

我还想拥有一家属于我自己的布鲁斯俱乐部。

“棋盘”

不久前，一位朋友对我说：“巴迪，我知道你为什么想拥有一家布鲁斯俱乐部。”

“为什么?”我问道。我知道答案，但我想看看他是否知道。

“因为布鲁斯俱乐部是你的教堂，老兄。你来芝加哥后在里面找到了你的宗教。你在里面接受洗礼，得到重生，你忘不了的。它们正在消失，你感到忧心，觉得得自己建一座。”

这不是我想要的答案，但他说的真有道理。芝加哥的布鲁斯俱乐部在我心中犹如圣地一般。当然，里面有狂饮和枪击，但它带给我的美好感觉无法替代。它带给我的精神充满了我的灵魂，我永远都不想失去。

1972 年，我开始考虑开一家布鲁斯俱乐部。如此，我就可以减少巡演，多和孩子们相处。如果经营得当，我还能挣到钱。

我盘下了东 43 街 423 号的“棋盘”（Checkerboard）。街区的光景不比从前，所以我没花多少钱。之前，著名的佩珀俱乐部关门大吉。南区没有布鲁斯根据地让我不爽。上好的布鲁斯能吸引酒客，而且我管理过乔利埃特的 99 俱乐部，就经营布鲁斯俱乐部来说有不错的经验。但要学的东西真的太多了！

开业前夕，一个家伙对我说：“巴迪，我只有一条建议，买张折叠床，带上一把枪，睡在收银台旁。”

我买了枪，不过没买折叠床。

第一年，因为频频被盗，我安装了防盗门。但该死的小偷破门而入，依旧照偷不误。我花 100 美金重装了上去。小偷们故技重施，丝毫不把防盗门当回事。我花在装防盗门上的钱比被偷去的还多。

我在门上贴了一条告示：“别折腾这个门，从后门进来，后门是开着的，想要什么尽管拿。”

当然，我拿着枪在后门恭候他们。奇怪的是，小偷们再也没有跟防盗门过不去。

我一杯啤酒卖 35 美分，只进开过封的半加仑装威士忌。开过封的酒小偷没法销赃。我学会了保持仓库空空。

人们觉得我能赚大钱，因为我的大牌朋友们可以过来演。不是这么回事。举个例子，能容纳 65 人的“棋盘”迎来的最大盛事，是“滚石”乐队前来录制现场并与马迪合奏。他们封锁了整条街，把我们的老顾客挡在外头，因为光是“滚石”的跟班——摄影师、录音师、保镖、友人等就能把俱乐部塞得满满当当。马迪和“滚石”的合奏精彩纷呈，这也是马迪最后的几场演出之一。不过我没有听到收银机哗哗作响。

“棋盘”是精神家园，也是经济负担。我从没做到收支相抵，不得不用巡演挣来的钱让它撑下去。不管怎样，我没有让它关门，因为在迪斯科攻城略地的 20 世纪 70 年代，布鲁斯有灭亡的危险。

“嚎狼”

1973年的一个冬日，我头一回去韦斯特蒙（Westmont）拜访马迪。韦斯特蒙是个白人村落，在芝加哥城外20英里处。马迪在那儿买了一栋别墅，不豪华，但是干净整洁，后院还有个小游泳池。

马迪经历了许多变故，其中最糟糕的是妻子日内瓦刚刚死于癌症。他深爱着日内瓦，她的死让他悲恸不已，然而吊诡的是，她的死也让他终获自由。马迪和多个情人生了多个孩子，日内瓦过世后，他才得以把他们全都接进家里。他开始过起子孙满堂的生活。

电视机关着——冬天没有棒球季。谨遵医嘱的马迪没有喝烈酒，而是开了瓶香槟，和我一起喝。

他见到我很高兴，问我“棋盘”搞得怎样。

“一般，马迪，”我说，“不过我不会放弃。”

“嘿，《电声马迪》（Electric Mud）推出后我考虑过退出音乐圈，不过我没有。”他说。

"印象中《电声马迪》大卖特卖。"

"没错，但里面的迷幻元素让我很光火。最难堪的是演出时他们要我演里面的歌，而我演不了。没法在现场演，这专辑做了有什么意义?"

《电声马迪》里的迷幻味帮助马迪从嬉皮市场分得一大杯羹。

"但您喜欢跟迈克·布隆菲尔德和保罗·巴特菲尔德一块录的那张，是吧?"我说的是我很喜欢的《父与子》(Fathers and Sons)。

"噢，是的，"他说，"那张更自然，他俩真的是我的儿子，我亲手栽培了他们。然后莱昂纳德·切斯卖掉了他的切斯唱片。"

"听说他拿到了一千万美金。"

"反正我一个钢镚都没拿到。"

"然后他就死了。"我说。

"乐极生悲，心脏病发作。"

"莱昂纳德死的时候多大岁数，马迪?"

"年轻着呢，才五十出头。"

"菲尔对您要厚道些?"我问。菲尔是莱昂纳德·切斯的胞弟。

"我时而会有进账，够我支付日常开支，搬到这儿来了。"

1969年10月，切斯过世前一周，马迪和他的乐队遭遇了严重车祸，包括司机在内的三人命丧黄泉。马迪肋骨和骨盆骨折，臀部和背部被撞烂，动了大手术，在医院躺了几个月。马迪到底是马迪，他拄着拐杖出院，抱起吉他开始干活。1970年，"嚎狼"飞赴伦敦，在埃里克·克莱普顿、史蒂夫·温伍德(Steve Winwood)、比尔·怀曼(Bill Wyman)和查理·沃茨(Charlie

Watts）等英国乐手助阵下录制了《伦敦“嚎狼”录音》（*The London Howlin' Wolf Sessions*）。这张专辑火热开卖后，切斯唱片也把马迪送到伦敦，做了张同样概念的《伦敦马迪·沃特斯录音》（*The London Muddy Waters Sessions*）。马迪对我说：“英国乐手弹得真好，但他们把我当用七天创造了世界的上帝看。他们围坐在我旁边，等着看我想弹什么。‘告诉我你们这些混蛋想弹什么，’我说，‘开弹吧，弹完了好拿版税。’”

两年过去了，刚刚痛失妻子的马迪还在盼望着拿到版税。我们都在盼望着。

“您喜欢这儿？”我问道，“我觉得您会想念老街坊。”

“我随时可以回去看看。”

“谁帮您照管南湖公园的老房子？”

“租给‘大眼’了。”

“大眼”是马迪的鼓手威利·史密斯（Willie Smith）。

见到马迪后没多久，我又见到了“嚎狼”。这要拜来芝加哥演出的“滚石”乐队所赐。他们派了辆加长豪车来接我和“嚎狼”。我们先去“滚石”下榻的酒店，然后去演唱会现场。我很高兴见到基思他们几个，但更让我高兴的是见到“嚎狼”。有段时间没见着他了。当时他六十多了，意识到自己已经苍老。他经历了两次心脏病发作，和马迪一样遭遇了一次严重车祸，两个肾脏报废，一直在做透析。他虽然拄着拐杖，可还是一如既往地爱讲段子，而我依然爱听他讲，就像一个小男孩爱听他爸讲故事一样。

“我跟你讲过我离开圣路易斯时发生的事？”“嚎狼”问我。

“没有。”

接着他讲了一个段子。

“小底特律”[1] 给我开车，开着开着，不知为了什么，他突然对我怒不可遏。他靠边停车，准备把我拖出来揍一顿，因为他知道我又老又累。但他不知道的是，因为我又老又累，所以枪不离身。他拉开车门，看到了我手里的枪。

“哪个狗娘养的想揍我来着?”我说。

“噢，我和您闹着玩呢。”

“嗯，我也和你闹着玩玩。”天冷得像个王八蛋，一定在零度以下，我觉得他需要冷静冷静。

“‘小底特律’，脱掉鞋袜，站到凉冰冰的草地上去，站足 45 分钟。这是让你冷静下来的最好法子。”

“我不能这么做。”他说。

“嗯，我能打爆你该死的脑袋。”他光着脚丫站到了草地上，站了整整 45 分钟。这 45 分钟我一直拿枪顶着他。我感觉棒极了。老头更有力量!

“嚎狼”把我逗乐了。

“你要是觉得有趣，”他说，“我再跟你讲讲你的贝斯手。”

“杰克・迈尔斯?”

“是的，他给我弹过贝斯，当时我在纽约一所大学演出。他不习惯为我伴奏，我确信他弹走调了。”

“不会的，杰克从不走调。”我说。

---

1 Detroit Junior（1931—2005），芝加哥布鲁斯钢琴手、创作歌手，曾是“嚎狼”、约翰・李・胡克、埃迪・博伊德等布鲁斯艺人的巡演钢琴手。

“给巴迪·盖伊伴奏时也许不走调，但给‘嚎狼’伴奏时太走调了。回酒店的路上，我让司机靠边停车，然后下车给自己买了一品脱威士忌。我对杰克和休伯特·萨姆林说，‘你们两个混蛋只有看我喝的份。你们俩弹得太烂了，不配有酒喝。我押着韵骂他们，‘我在大学表演，被我的乐队气得七窍生烟，台下的观众有学识，可我的乐队弹得像屎。’他俩哈哈笑了起来，我不喜欢，我不喜欢被嘲笑。我说，‘你们要再弹成这样，不揍你们我就不是人。’”

这个段子讲完了，我们也抵达了“滚石”乐队下榻的豪华酒店。等待我们的是最好的威士忌和最丰盛的食物。吃饱喝足后，我们出发前往演唱会现场。我们被领到贵宾席就座。

舞台上，“滚石”乐队开始夸赞“嚎狼”，听得我心里暖暖的，因为他配得上一切赞誉。他们说“嚎狼”就在台下，请他站起来跟大家打个招呼。我看到了他眼里的痛苦——他得挣扎着站起来。曾经的“嚎狼”孔武有力，心智正常的人绝不会招惹他。现在的“嚎狼”软弱无力，老态龙钟。台下的“滚石”乐迷并不真正在乎“嚎狼”，但“滚石”乐队在乎。“滚石”乐队在美国上电视时说，是马迪·沃特斯鼓舞着他们继续前行。“滚石”乐队对马迪和“嚎狼”很好，这些记忆我会存在心底。

1975 年底，我和小威尔斯受美国国务院委派，踏上了中非共和国亲善之旅。感恩节这天，气温高达华氏 100 度，湿度更是爆表。我们决定清洗内裤，挂起来晾干。干了后，我们穿起来去演出。演出进行时，小威尔斯抱怨说屁股一阵阵剧痛。我们去看医生，把情况一讲他就明白了。

“你肯定做过这两件事中的一件：坐在湿马桶盖上，把内裤挂起来晾干。”他对小威尔斯说。

“是的，先生，我的确把内裤挂起来晾过。”小威尔斯说。

“湿气太重，苍蝇飞来产卵，苍蝇幼虫钻进了你的屁股。”

“哎唷！”我说。

“怎么弄出来？”小威尔斯问道。

医生拿来一个类似罐头刀的工具。

“喔，天哪。”小威尔斯说。

“很快的，”医生说，“弄出来就不痛了。”

医生把苍蝇幼虫从小威尔斯屁股里弄出来后，我说：“有一点我很确定，从现在开始，在非洲的任何地方，我都会像母牛站在草地上解决一样在室外上大号。我再也不会坐马桶盖、洗内衣裤了。”

我要医生给我量血压。我的血压很高，长期吃降压药。

血压正常。但医生说：“我看下你的降压药。”

我递给他，他看了一眼，说：“但愿你没在这儿找女人。”

“为什么这么说？”我问道。

“这种降压药会让男人不举。”

“我的医生没跟我说。”

“回国后问他。”

“好。”

我问了。我的医生的确忘了告诉我。我要求他更改用量。我又恢复了雄风。

1976 年的第一周，我们离开酷热难耐的非洲，飞回了大雪纷飞的芝加哥。飞机刚降落在奥黑尔国际机场，噩耗就传来了。

“‘嚎狼’挂了，”有人说，“癌症杀死了他。”

小威尔斯比我早认识“嚎狼”。“不会再有第二个‘嚎狼’。”他说。

这是事实。另一个关于“嚎狼”的事实是休伯特·萨姆林带着爱和敬意说的：“‘嚎狼’不是人，是野兽。”

“我们错过了查理·帕顿[1]和罗伯特·约翰逊[2]，但我们逮住了‘嚎狼’。”小威尔斯驾车驶离机场时说。

我能说的只有：“阿门。”

---

1 Charley Patton（？—1934），“三角洲布鲁斯之父”，被认为影响了几乎所有后辈三角洲布鲁斯音乐家，是20世纪最重要的音乐家之一。

2 Robert Johnson（1911—1938），美国布鲁斯吉他手，布鲁斯史上的重要人物，尤其在三角洲布鲁斯乐有很深造诣，对后代摇滚音乐家产生了深远影响。传说他把自己的灵魂卖给了魔鬼，以换取布鲁斯弹奏技巧。1938年被毒死，年仅27岁。

又硬了

联想到“嚎狼”的生活方式，我不由得诧异他居然能活到65岁。他死的时候，我不可抑制地想到我有多爱我的老师、父亲和朋友。我是世界上最走运的家伙，因为1957年9月25日这天，我登上了那班驶往芝加哥的火车，来到了那群正值盛年的好家伙中间。他们的布鲁斯先是滋养了黑人乐手，然后是白人乐手，再然后是遥远的亚非乐手。

20世纪70年代中期，买下切斯唱片的公司又被另一个人买下，切斯录音棚随之关闭。

“我在切斯旗下待了将近30年，”马迪说，“他们还管它叫切斯唱片，但真正的切斯唱片已经随莱昂纳德·切斯一道死去了。”

“您打算转投哪家厂牌?”我问道。

“不确定也不担心，总有下家的。”

1976年4月，电话铃响了。

"巴迪·盖伊，"一个南方口音的男人说，"我叫克利福德·安通（Clifford Antone），在奥斯汀有家俱乐部，是您的死忠粉。"

"谢谢您，先生，"我说，"得州对我可不太友好。"我告诉他，我曾随埃尔莫尔·詹姆斯去得州演出，到了付报酬的时候，俱乐部老板拿枪指向埃尔莫尔的头。

"两码事，巴迪，"克利福德说，"我在我的俱乐部给马迪办 63 岁生日派对，想请您和小威尔斯过来给他一个惊喜。我寄你们头等舱机票，安排你们住最好的酒店，演个几首就行。"

"您要我演一整夜都行。"

克利福德的口吻不像老板，像粉丝。他说他把埃迪·泰勒和吉米·里德重新撮合到了一起，他说有支叫"传奇雷鸟"（The Fabulous Thunderbirds）的白人布鲁斯乐队很牛逼，吉他手叫吉米·沃恩[1]，口琴手叫金·威尔逊（Kim Wilson）。他说马迪爱死他们了，说我也会爱死他们的。

抵达奥斯汀后，克利福德带我们四处参观。原来他是得州阿瑟港（Port Arthur）人，和詹尼斯·乔普林是老乡。他的父辈从黎巴嫩来。他把我们当国王一样对待。我记得他这样说道："和你们同台就像和总统或教皇同台。"

克利福德说，他的俱乐部是为见证布鲁斯而树立的。

马迪表演的时候，我们躲在后台，不让他看到我们。克利福德说："给马迪伴奏的就是'传奇雷鸟'。"

1 Jimmie Vaughan（1951— ），得州布鲁斯吉他手，被许多人认为是当代最好的白人布鲁斯吉他手之一。他是得州传奇吉他手史蒂维·雷·沃恩（SRV）的哥哥。

吉米·沃恩和金·威尔逊的配合非常默契，对于彼此的意蕴心领神会，让我想到了马迪和小沃尔特——珠联璧合。吉米不玩花招，布鲁斯该怎么弹，他就怎么弹。他知道什么不该弹，知道怎么让你想听更多。

到了唱《祝你生日快乐》的时候，我和小威尔斯端着蛋糕，神态自若地走上舞台。马迪大吃一惊，然后就咧开嘴笑了。他对观众说："看到这些男孩了？我认识他们时他们还是孩子，我一手栽培了他们。"

我们开始强力合奏《我魅力四射》。我心中暗想，即便是在迪斯科时代，布鲁斯还是有市场。大众似乎抛弃了布鲁斯。然而在得州，人们为布鲁斯而狂。克利福德·安通对布鲁斯的爱和我的伙伴们一样强烈。那种爱足够让我带着点希望安然入睡。

另一位得州人约翰尼·温特[1]帮马迪制作下一张专辑，厂牌是哥伦比亚唱片。

我去韦斯特蒙看望马迪。"多年来都是为切斯唱片录音，现在为其他厂牌录还真有点奇怪，"马迪对我说，"不过感觉真不赖，约翰尼知道该怎么帮我做。"

"您用约翰尼的乐队？"我问道。

"对，加上派恩塔·珀金斯（Pinetop Perkins）弹钢琴，'大眼'打鼓，詹姆斯·科顿吹口琴。"

马迪的声音透着兴奋。见他身体健康、兴致高昂，我很

1　Johnny Winter（1944—2014），美国布鲁斯吉他手、歌手，以卓越的现场弹奏著称，同时他也是一位制作人，为马迪·沃特斯制作了三张获得格莱美奖肯定的录音室专辑。

开心。

“您给专辑取的啥名？”

他笑了，说：“录完最后一个音符，我感觉我下面硬起来了，所以我叫它《又硬了》（Hard Again）。你觉得怎样？”

“我觉得您又该出去泡19岁的妞了[1]。”

我为马迪能东山再起感到高兴，然而我的事业却陷入了停滞。我上路巡演的机会不多，“棋盘”的生意也一直没有起色。我不打算关门，但在上世纪70年代末，布鲁斯真的很不景气。

在一个布鲁斯音乐节上，我无意中听到两个乐迷在聊我。他们没见过我，所以当着我的面畅所欲言。他们在看演出时间表，一个家伙问另一个家伙：“巴迪·盖伊是谁？”

“一个布鲁斯老炮。”

“多老？”

“巴迪·盖伊？噢，老天，他还活着。他得有90了吧。”

这一年我43岁。

在美国大厂牌的眼中，巴迪·盖伊就和上周的霉面包一样过时。只有小厂牌找上门来。我在法国的时候，一个叫迪迪埃·特里卡德（Didier Tricard）的当地人说要为我和我弟弟菲尔录唱片。他由着我们随心所欲地弹。这张唱片叫《疯了！》，是在图卢

1　妻子日内瓦过世后，马迪邂逅了19岁的Marva Jean Brooks，1979年与她成婚，伴郎是埃里克·克莱普顿。

兹录的，今天听起来依然如此牛逼。迪迪埃甚至让我为厂牌命名，我叫它伊莎贝尔，以纪念我的母亲。然而很少有人听过这张唱片。它很快就被其他声音淹没了。

1979年，英国厂牌JSP的老板约翰·斯泰德曼（John Stedman）来到“棋盘”，为我和菲尔录了一张现场唱片。他捕捉到了不少精彩的对飚，然而这张唱片依旧没能产生回响。

我和小威尔斯之间也出了问题。他酗酒时会说出清醒时永远说不出口的话，干出清醒时永远干不出来的事。他打扑克时随身揣着两把手枪。赢钱了他会对着墙壁开枪，输钱了他更会对着墙壁开枪。这会招来警察，把他送进大牢，然后再找到我，要我筹钱把他保释出来。

我们仍然会接到来自加州的演出邀约，但演出费少得可怜，我们不得不起用替补乐手。他们很难和我们形成默契。我试图提高他们的水准，但小威尔斯就没我那么有耐心了——他扬言要干掉他们。

有次在波士顿，我离开旅馆房间去取冰块，无意中扫了走廊里的可乐机一眼。这一看可不得了，小威尔斯一丝不挂地站在那边。

“快回去把衣服穿上。”我说。

“为啥?”他问道。

“我不想被人轰走。”

“为什么要轰我们走?”

“听说过公共暴露罪没?”

“裸体无伤风化。女人爱看我脱成光猪。我屋里就有个脱成光猪的妞，正准备下楼加入我呢。”

“啊，我的天。”我只能这么说。

小威尔斯疯了，在舞台上也是。要是觉得我弹得太久或太响，他会抓住我的琴颈不放。他最为人知的金曲无疑是《惹小孩》。他爱演这首，没问题，我也爱演这首。我不介意一晚上表演两遍。但当有天晚上，他要求我连演六遍时，我只能说：“小威尔斯，我不想惹那个小孩了。”

马迪会揍女人，可小威尔斯会被女人揍。有那么两三次，他被揍得鼻青脸肿。得州白人女歌手卢·安·巴顿（Lou Ann Barton）就揍过他。卢·安是吉米·沃恩、史蒂维·雷·沃恩两兄弟的拍档，一口黑人布鲁斯唱腔。小威尔斯追着她满俱乐部跑，对着她耳朵嘀咕：“阴户，阴户，阴户。”她想一个人静一静，可小威尔斯不停地骚扰她。就见她猛地一拳，正中他的下巴。他像纸牌屋一样轰然倒塌。

小威尔斯的酗酒问题导致我们的表演时长越来越短。我们不得不提前谢幕，因为他越来越撑不下去。我从未错过一场演出，因为我害怕让粉丝失望。当我们的演出不得不提前结束时，我看到了观众脸上的失望，这感觉糟透了。我想坚持演完整场，但小威尔斯人都站不直了。

到20世纪70年代末，我已经忍无可忍。我知道，再不终止合作，我们连兄弟和朋友都做不成。这不容易。我爱他，也爱他的音乐。布鲁斯的血脉把我们连为一体。在许多布鲁斯乐迷心目中，我们属于彼此。

听说我打算开掉小威尔斯，有人告诫我要三思而行。一个家伙说：“你需要他，他的名头意味着更多的演出机会。他们要的不是巴迪·盖伊，而是巴迪·盖伊和小威尔斯。”

“小威尔斯的威力已经减半了。”我说。

“半个小威尔斯也比没有小威尔斯强。”

“我一直都是独自搞定事情。我会好的。”

“你会破产的。”

“我已经破产了。”

“你会穷得叮当响。”

随着新的十年开启，我和小威尔斯开始分道扬镳，各自上路。偶尔，我们会在路上相遇。“棋盘”永远欢迎他，但我们这个组合已经寿终正寝。

野草疯长

我天生就是种地的料。我对种植很感兴趣。种子令人惊叹。你把它们埋进土里，浇水、施肥、小心呵护、等待结果。你得尊重自然规律。和自然作对，自然会给你好看。

有时候，自然会吓你一跳。自然说：“这些野草将疯狂生长。锄掉它们无济于事，它们会卷土重来，愈发坚韧。你可以修剪它们，但别去杀死它们。农药和毒药在它们面前也要甘拜下风。它们与土地紧紧相连。”

布鲁斯像野草，深深地扎根在土地里，疯狂蔓延，飞速生长，没有什么能够阻挡。有那么一两年，你以为布鲁斯已死，以为它已被其他类型的音乐淹没。但有一天你打开窗，会看到整个后院都布满了布鲁斯，还有你邻居家的后院，整个街坊，整个街道，全都是布鲁斯。漫山遍野的布鲁斯。

上世纪 60 年代，英国摇滚乐手让布鲁斯得以卷土重来；70 年代，布鲁斯暂时退出历史舞台；80 年代，布鲁斯再度强势回归，并且比以往任何时候都要坚韧不拔。

布鲁斯之所以能重生，是因为它太过美好，根本死不了。对现实生活来说，它太简单、太漂亮、太真实。无论你拆分哪一种摇滚乐的骨架，都会看到布鲁斯是它们的根基。所有的摇滚乐都跳不开布鲁斯。你母亲也许已经过世，但她永远是你的母亲。只要你还活着，你就忘不了她。她给了你生命。是的，先生，布鲁斯就是生命。

1975 年，詹妮弗（Jennifer）成了我的第二任妻子，随后为我生了两个美妙的孩子：萧娜[1]和迈克尔（Michael）。我和詹妮弗的婚姻谈不上完美，但依然维持了近 30 年，这还是能说明些什么的[2]。

20 世纪 80 年代，我开始聆听年轻一代的黑人布鲁斯音乐家，比如罗伯特·克雷（Robert Cray）。罗伯特非常出色，许多摇滚乐迷也是他的粉丝。克利福德·安通则成了我的贵人，不断邀请我去得州奥斯汀演出。一来二往，我与两位得州吉他英雄——吉米·沃恩和他弟弟史蒂维·雷·沃恩（Stevie Ray Vaughan）成了好友。

史蒂维·雷·沃恩让无数乐迷爱上了布鲁斯。他的“双重麻烦”乐队（Double Trouble）在全世界刮起一股旋风。“双重麻烦”其实只有史蒂维、贝斯手汤米·香农（Tommy Shannon）和鼓手克里斯·莱顿（Chris Layton）三号人，但听起来就像一只大编制乐队。史蒂维说起我和阿尔伯特·科林斯（Albert Collins）就像我说起“嚎狼”和马迪·沃特斯。他尊敬前辈。他和

1 Shawnna（1978— ），萧娜秉承了父亲的音乐基因，逐渐成长为美国最知名的说唱女歌手之一。

2 巴迪·盖伊和詹妮弗·盖伊于 2002 年离婚。

他哥来自达拉斯，那儿的孩子听着弗雷迪·金和真正的布鲁斯长大。吉米·沃恩的弹奏比史蒂维传统，史蒂维非常喜欢吉米·亨德里克斯。在我看来，史蒂维把吉米·亨德里克斯和阿尔伯特·金（Albert King）的风格结合在一起，创造出了一种新的风格。

我说它是新的，因为他的弹奏里有年轻的激情和年轻的感觉，但它也是老的。史蒂维是个好学生，了解每一位布鲁斯前辈。史蒂维知道如何成为众人瞩目的焦点，这让我想到了刚来芝加哥时的我——为了引起别人的注意，我什么都会做。

“丝绒推土机”阿尔伯特·金绝非等闲之辈。他左手反弹吉普森Flying V型电吉他，在20世纪60年代便已推出超级金曲《生来不吉》(Born Under A Bad Sign)，与奥蒂斯·雷丁、Booker T. and the MG's乐队同为斯塔克斯唱片（Stax Records）旗下中坚。阿尔伯特人高马大，块头几乎是常人的双倍。他无疑是世界上最强的布鲁斯吉他手之一。他的弹奏手法自成一派，我庆幸自己不用为他伴奏。

有一年荷兰北海爵士音乐节（North Sea Jazz Festival），我排在阿尔伯特·金前面登台。我敲了敲化妆间的门，打算向他问好。这时保安急吼吼地冲了过来，仿佛我准备打扰挪威国王。

“你不能敲门，”其中一个家伙说，“金先生不允许。”

“我是他哥们儿。”我说。

“你得到他的许可了？”

“我不需要该死的许可，”我吼道，“阿尔伯特！你在里面？”

他走了出来，朗声向我问好。他在抽烟斗。阿尔伯特·金就没有不在抽烟斗的时候。

“嘿，老兄，”我说，“他们这架势……把我当抢劫犯啊。”

“我连我自己的乐手都不让进的。”他说。

“怎么会?”

“我得让他们知道谁是老板。”

“你给他们发演出费，这不明摆着吗?”

“说到演出费，”阿尔伯特说，“这个主办方很大方。”

“是啊，我的乐手们很开心。”

“你给他们多发钱了?”阿尔伯特问道。

“你没有?”

“操，当然没有，凭什么?”

“这样才靠谱啊。”

“靠谱?我对这些狗娘养的不靠谱吗?如果我不雇用他们，他们还在老家孟菲斯开出租呢。”

阿尔伯特·金很出色，但阿尔伯特·金也很冷酷。

马迪得了癌症已是公开的秘密。我了解马迪，知道他不想谈这件事。但我得去看望他。

我是1983年3月去的他家。4月4日是他的70大寿。他说他马上就要68岁了。(后来我们才知道，他把自己的年龄说小了两岁。)

“嘿，马迪，”我进门时说，“我给您带了些大米和豆子。”

“很好，”他说，“去煮一下。”

他坐在沙发上，我发现他消瘦得厉害，看起来羸弱不堪。电视上正放着一部老枪战片。

煮好后，我用托盘端给他。

“要啤酒么?”我问他。

“谢谢，巴迪。啤酒挺好。”

我从冰箱里取出两瓶啤酒，打开，走到他身边坐下。

“趁热吃吧，”我说，“对您有好处。”

“老弟，我知道，我得多吃点。”

他拨弄了会儿眼前的食物，看来没有胃口。他喝了一大口啤酒，就算吃完了。我们坐着看枪战片。

“我知道您很期待 4 月的棒球季开赛日，”我说，“白袜队今年有戏？”

马迪爱聊棒球。

“我们今年将一路高奏凯歌，”他说，“捕手卡尔顿·费斯克（Carlton Fisk）和外野手鲁迪·洛（Rudy Law）很强，我们的投手也是。”

“拉马尔·霍伊特（LaMarr Hoyt）和理查德·多特森（Richard Dotson）。”我提了白袜队两位王牌投手的名字。

“别忘了我的杰瑞·库斯曼（Jerry Koosman）。”

“嗯，我们一块去科米斯基公园球场（Comiskey Park）看球，我给您买热狗。”

马迪点了点头，脸上露出一丝微笑。

我不想提音乐，因为我知道他再也无法走进录音棚，再也无法登上舞台。没什么比安安静静地坐着更好。我坐了很久。

马迪是那种能读懂我的心思的人。他转向我说：“听着，巴迪，我挺好的，我只想跟你说一件事。”

“什么事？”我问道。

“干他娘的，”他答道，“别让布鲁斯死掉。”

一个月后的 4 月 30 号，马迪·沃特斯走了。他活到了 70 岁生日，活到了棒球季开赛日，但没能活到他的白袜队勇夺当年度联盟西区冠军的那一天。

葬礼在“棋盘”边举行。我们难过得说不出话来。我们唯有让琴声呜咽。那天晚上，我们齐聚“棋盘”，詹姆斯·科顿、休伯特·萨姆林……所有人都在。我们用吉他、口琴和钢琴哭泣。我们边哭边唱，直到再也唱不出来。我们把马迪教会我们的歌唱了个遍。我们缅怀着这位伟大的男人。他把新布鲁斯带给一座老城，他用三角洲的阳光温暖了一整座冰冷的城。他是三角洲之子，是水源，是成千上万音乐家的父亲，而他们中的许多人甚至还未降生。他直到今天还在孕育布鲁斯的孩子。

我就是爱说他的名字，就是爱告诉每一个人：**马迪·沃特斯是我的朋友，马迪·沃特斯是我的男人。**

他们把他家门前的街命名为马迪·沃特斯路。多年后，有传言称他家会被拆掉。感谢上帝，我有足够的钱把他的故居买下来保存。再没有人会拆掉它，就像再没有人会忘记他。

阿尔卑斯山谷

20 世纪 80 年代，我没有拿到过有分量的唱片约，但拜罗伯特・克雷、史蒂维・雷・沃恩、吉米・沃恩等年轻的布鲁斯音乐家所赐，拜克利福德・安通把奥斯汀变成布鲁斯之都所赐，我的演出机会越来越多。我也会经常性地收到来自亚洲和欧洲的演出邀请。演出场馆越来越大，要求加演的呼声越来越高。但不是一切都尽如人意。

有次我应邀为 AC/DC 乐队暖场，酬劳很丰厚。AC/DC 的粉丝不是我的粉丝。我被整齐划一的巨大嘘声扇了一记响亮的耳光。他们花钱来听重金属和硬摇滚，而不是电声布鲁斯。我为他们感到难过，想告诉他们我理解他们的失望，但我没有说出来。我把他们的嘘声假想成喝彩，完成了我的演出。

到 1985 年，我深爱的“棋盘”已经难以为继。它就像酒鬼狂饮威士忌一样大口大口地吸光了我的钱袋。“棋盘”所在的南区日益衰落，我也厌倦了用巡演挣来的钱来补它的窟窿。但再艰难我还是会坚持。我要让这个地方依然有布鲁斯俱乐部存在。压垮我的最后一根稻草的是卑鄙的房东，为了赶我走，他使出了阴招。我没和他斗。我答应自己，一旦找到合适的地方，就会重开一家。

我的新俱乐部始于1989年。当时我终于能通过在全世界巡演挣得盆满钵满。“棋盘”亏损的原因之一，是从南区以外赶来的顾客看完演出后发现自己的车没了。我开始在新兴的南卢普区找地儿，最后相中了南沃巴什街754号。它比“棋盘”宽敞干净，离希尔顿酒店很近，那儿的长住客走几分钟就能到。我原打算叫它“露滴”（Dew Drop），向新奥尔良的著名俱乐部“露滴”致敬（“苗条吉他”曾在“露滴”驻场表演）。但我的律师让我想个其他名字，说这会带来法律麻烦。最后，我将它命名为“巴迪・盖伊的传奇”，将它献给马迪・沃特斯、小沃尔特、约翰・李・胡克、比比・金、“嚎狼”、“桑尼男孩”等多位传奇——他们都是我的老师。

我选对了地点，生意比以前旺太多了。挣到钱时想不开心都难。我感觉棒极了。

让我感觉更棒的是，1990年，埃里克邀我作为他的乐队成员，在伦敦皇家阿尔伯特音乐厅献演。担任钢琴手的是伟大的约翰尼・约翰逊（Johnny Johnson），我和他自此成了好友。

约翰尼・约翰逊是查克・贝里的御用钢琴手。《约翰尼・B・古德》[1] 写的就是他。我还从未见过他本尊，所以看到他留的说

---

1 Johnny B. Goode，查克・贝里的代表作，摇滚史上最著名、最有辨识度的歌曲之一。

想和我共进早餐的便条时，我激动坏了。

上午八点，有人敲门。我打开门，是约翰尼。

“看到我的便条了?”他问道。

“正打算和您在餐厅见呢。”我说。

他指着他的公文包说：“我们的早餐在这里。”

他打开公文包，拿出一瓶皇冠威士忌。

“有反对意见?”他问道。

“约翰尼，”我说，“很高兴见到您，您想吃哪种早餐我就吃哪种。”

我们边喝边聊。约翰尼说《约翰尼·B·古德》是他和查克·贝里合写的。他说查克的金曲几乎都是他和查克合写的[1]。

“旋律和曲子是我写的，”他说，“歌词是查克填的。那时我以为谁写歌词谁就是这首歌的作者。后来我认识到谱曲的也有一半功劳，想和查克达成某种协议，但查克不肯。”

“《超越贝多芬》(Roll Over Beethoven)是我写的，”查克对约翰尼说，“动机是我的。”

“是的，”约翰尼对查克说，“但你只写了歌词。”

“好的歌词使歌曲大卖。”查克说。

约翰尼·约翰逊把查克·贝里告上了法庭，但时间已经过去太久，我记得他没能从查克手里拿到属于他的那一份。我把他请到我的俱乐部表演，让他多挣点钱。虽然在布鲁斯钢琴的领域，没有人能和奥蒂斯·斯潘相提并论，但约翰尼·约翰逊同样也是难以匹敌。

---

1 公开资料显示，查克·贝里一人包办了他所有金曲的词曲创作。

1990年8月，埃里克·克莱普顿打来电话，说他要来芝加哥附近的阿尔卑斯山谷演出。阿尔卑斯山谷是一处滑雪胜地，位于威斯康星州，距芝加哥80英里。演出阵容除了他还有史蒂维·雷·沃恩、吉米·沃恩、罗伯特·克雷。埃里克邀我和他们同台飚琴。

我知道埃里克已经有很久没有碰酒精和毒品了，据他说史蒂维和吉米也把这两样东西给戒了。他们状态都很好。从阿尔卑斯山谷回来第二天，为了庆祝，我煮了一大锅秋葵汤。

去阿尔卑斯山谷的路上，埃里克对我说："嘿，巴迪，你有一阵没出唱片了。"

"没人找我出。"

"太扯了。我偷学了你的每一条吉他乐句。你不出新专辑，我怎么偷学你的新乐句?"

我乐了。

"我带你进棚录。"埃里克说。

"任何时间，任何地点，宝贝。"

我像是参加同学会来了。吉米和史蒂维哥俩身体倍儿棒，心情倍儿好。上次见到史蒂维还是去年七月，他来我的俱乐部祝我生日快乐。吉米说他退出了"传奇雷鸟"，一心一意和弟弟一道巡演。有时候，吉米会搂着史蒂维弹同一把吉他。真美好。

史蒂维热力四射，大招迭出，就差跳上吉他，驾着它飞往月球了。他翻唱了我的《放开我的女孩》(Leave My Girl Alone)，边唱边朝我使眼色。我不胜感激。史蒂维唱得那么痛彻心扉，听得我浑身鸡皮疙瘩。我很骄傲。就像马迪觉得我是他的孩子一样，我觉得史蒂维是我的孩子。

“见鬼，演这么好我怎么办?”埃里克说。他站在我身边，接下来轮到他登台。

“你只能放手一试。”我说。

埃里克没有问题。他是音乐会上最耀眼的明星，观众爱他。我相信埃里克·克莱普顿是有史以来最受欢迎的吉他手。

埃里克演罢，将我、吉米、史蒂维、罗伯特邀上台合奏《甜蜜的家乡芝加哥》(Sweet Home Chicago)。只要有我在，埃里克都会演这一首。回到后台，每个人的脸上都泛着光彩，埃里克说明年还要在皇家阿尔伯特音乐厅开系列音乐会，我们全都在受邀之列。

我们决定乘直升飞机回芝加哥，以避开繁忙的陆地交通。史蒂维急着回去，所以登上了第一架飞返的直升飞机，在后排坐下。我和埃里克及埃里克的经纪人上了另一架。雾气弥漫，我有点不安，不过我觉得我们坐的是直升飞机，应该很快就能爬到雾气之上。果然。

抵达中途岛机场后，我和埃里克说再见。我提醒他别忘了明天来我的俱乐部，我会为大家伙儿煮一大锅秋葵汤。

“你不是个好厨子吧，巴迪?”他问道。

“你尝了就知道了。太好吃了，你的嘴巴会受不了的。”

我们拥抱道别。

第二天我和平时一样起了个大早。我去买煮秋葵汤用的贝类食物。这道菜得花上一天来创制。

第一个电话是我的一个宝贝女儿打来的。

“爸爸，爸爸!”她歇斯底里地尖叫道，“你死了吗?”

“瞎说什么呢?我死了还能和你说话?”

“他们说昨晚你坐的直升飞机失事了。”

“昨晚没有直升飞机失事。”

“新闻不是这么说的。”

“新闻怎么说？”

“有人死了。”

“谁死了？”

“我不知道。”

第二个电话是知情人打来的。

“出大事故了。”他说。

“人都没事吧？”

“史蒂维死了。”

史蒂维死了。这不可能。我一定听错了。

“再说一遍。”我说。

“史蒂维死了。”

“史蒂维·雷·沃恩？”

“史蒂维和埃里克团队的三个人乘坐的直升飞机撞到了山上。他们和飞行员当场死亡。”

我瘫倒了。我崩溃了。我噎住了。

SRV 死了。

我和全世界都在为史蒂维哭泣。他是一颗冉冉升起的星星，在最耀眼的时候坠落。我爸妈总是说：**“生死由命，你左右不了。”**

葬礼那天，我在我的俱乐部做了一场大演出，前来献演的是拉丁吉他手卡洛斯·桑塔纳（Carlos Santana）。我与他同台合奏。演出前，我问卡洛斯想弹什么。

卡洛斯说："不是我想弹什么，巴迪，是史蒂维希望我们弹什么。"

"史蒂维希望我们弹布鲁斯。"我说。

我们把这个夜晚献给了史蒂维。我们全力以赴，但我们的脑子不听使唤。一想到失去了史蒂维，我的脑子就一团乱麻。

直到第二年二月，我再度作为埃里克的乐手登上皇家阿尔伯特音乐厅，才又一次见到吉米。这是他在弟弟过世后首度公开表演。我们一起飚琴的时候，吉米用琴声痛哭失声。这是音乐家表达悲痛的最佳方式——用音乐传送眼泪。

其中一场演出后，我被介绍给银声唱片（Silvertone Records）老板安德鲁·劳德（Andrew Lauder）。银声唱片总部在伦敦，隶属于索尼唱片。我愿意和"银声"签约吗？

我愿意吗？

干，我太愿意了。为了这个机会我已等待多年。"切斯"是一家布鲁斯大厂牌，但既没有提供过丰厚的唱片约，也不知道该怎么帮我做。我为鲍勃·科斯特的德尔马克唱片录过专辑，但那是一家小厂牌。"前卫"唱片大些，但"前卫"要的是切斯之声。

"你想怎么弹就怎么弹，想怎么弄就怎么弄，巴迪，"劳德说，"我认为你之前的唱片没有录好或录对。我们想掏出你的激情。"

"我们着手做吧。"我说。

"有个好制作人会如虎添翼。"

"你心目中的人选是？"

“你知道约翰·波特（John Porter）？”

“不知道。”

“你知道‘罗克西音乐’[1]？”

“就知道名字，音乐没听过。”

“噢，约翰曾是他们的贝斯手，后来成了他们的制作人。”

“英国人？”我说。

“是的。你觉得对你不利？”

“不。吉米·亨德里克斯到了英国才火起来的。我视英国为福地。”

“我视你为我们最重要的艺人之一，巴迪。”

“我视你为及时雨，安德鲁。”我说。

约翰·波特是个酷家伙。他建议我灌录《野马莎莉》（Mustang Sally），没问题，这是首强劲的节奏布鲁斯歌曲，我爱节奏布鲁斯；他致力于让这张专辑充满现场感，没问题，我爱这么搞；他也不介意我录四首我写的歌，而这其中的一首变得非常重要。

有次录音前，我想先打会儿桌球。他跟我开玩笑：“嗯，你不会打桌球，但你会弹布鲁斯？”我的回答是：“太对了，我会弹布鲁斯。”这句话给了我灵感，让我写出了《太对了，我拥有布鲁斯》（Damn Right，I've Got the Blues）。它成了这张专辑的同名曲，甚至还成了我音乐生涯中最受欢迎的歌曲。

---

1 Roxy Music，成军于 1971 年的英国“华丽摇滚”乐队，对早期的英国朋克乐影响巨大。

杰夫·贝克挎刀助阵了两首歌，埃里克·克莱普顿助阵了一首。认真聆听的话，你会听到一个曾经戴着手铐的男人像鸟儿一样自由飞翔。如果你问我这张专辑中我最爱哪一首，请先听我讲个故事：

我想向史蒂维·雷·沃恩致敬。我考虑过翻唱一首他的歌，后来被我否决了。不大合适。是他的曲子，不是我的。我得以一首新歌来表达我对他的爱。但歌词写不出来。我决定换种方式写。我走进录音棚，让他们把灯关上。我开始弹奏。

“你在干嘛？”制作人问道。

“缅怀史蒂维。”我说。

《缅怀史蒂维》（Rememberin' Stevie）成了这首歌的名字。

弹着弹着，我的心飞回了阿尔卑斯山谷。那是一个多么美妙的夜晚。史蒂维演完，埃里克登台，我坐在台下一角继续弹吉他。史蒂维走过来听我弹。

“巴迪，”他说，“你的吉他小乐句完爆我了。”

“你刚才的演奏完爆了我们每一个人，我还没缓过来呢。”

“知道么，巴迪？我们得一起做张唱片，我们得一起做些东西。”

“我准备好了，史蒂维。我准备好了。”

“一定要一起做一张。必须。”

缅怀史蒂维。这张唱片会在布鲁斯天堂录制完成。我想象着录音乐手阵容：马迪·沃特斯、奥蒂斯·斯潘、弗雷德·毕洛、小沃尔特、史蒂维·雷·沃恩。这是一支值得为它而死的乐队。绝响。

胡毒男人

如果有音乐家说他不在乎得奖，他很可能在撒谎。做音乐很重要，能带来真正的愉悦。用音乐愉悦别人也很重要，这是我一直以来想做的事情。但获得大奖会让音乐家感觉良好。没什么比应邀献演格莱美更让人激动的了。1991 年，我 55 岁时，终于凭借《太对了，我拥有布鲁斯》将一座格莱美大奖揽入怀中。谢谢您，耶稣。

接下来的 20 年里，我又揽获五尊格莱美奖。我开始获得一连串的奖项认可：摇滚名人堂成员、《公告牌》世纪艺人奖、布鲁斯基金会“让布鲁斯活下去”（Keeping the Blues Alive）奖等。每一个都沉甸甸的。我觉得它们真的应该属于“苗条吉他”、“闪电苗条”和“闪电”霍普金斯——我的这几位前辈是真正的大师，然而从未名利双收。

我终于能从国际大厂牌拿到丰厚的预付版税。我的演出身价也水涨船高。这使得我有更多的钱投入我的布鲁斯俱乐部，最终，我买下了俱乐部旧址附近的南沃巴什街 700 号。我的俱乐部搬进了新的地方，我自己的地方。我不能说我已经爬到了梯子的顶端，但比起大厂牌不正眼瞧我的年代，我已经向上爬了好多格。

银声唱片接连推出我的录音室专辑，让我持续为乐迷瞩目。埃里克·克莱普顿、比比·金、卡洛斯·桑塔纳、基思·理查兹、特雷西·查普曼（Tracy Chapman）、德里克·塔克斯（Derek Trucks）、苏珊·特德丝奇（Susan Tedeschi）、约翰·梅尔（John Mayer）、乔尼·朗（Jonny Lang）等老将新秀纷纷参与到我的专辑中来。老中青三代布鲁斯乐手与我自然而然地融为一体。

我的身后有一群杰出的制作人：约翰·波特、埃迪·克莱默（Eddie Kramer）、史蒂夫·乔丹（Steve Jordan）、大卫·Z（David Z）、邓尼斯·赫林（Dennis Hering）、汤姆·汉布里奇（Tom Hambridge）。我要乐子和自由，他们知道怎么给我。我也很高兴看到这些专辑各有特点，尤其是我 65 岁生日前后录的《甜茶》（Sweet Tea）。我们南下密西西比牛津市，进驻邓尼斯·赫林的“甜茶”录音棚，捕捉我深爱的老布鲁斯客们的原始感觉。我翻唱了几首小金布罗（Junior Kimbrough）的作品。小金布罗为胖负鼠唱片[1]灌录过几张动人的专辑。我没见过他本尊（他于 1998 年过世），但对他铭刻着北密西西比烙印的风格有深深的共鸣。他和“T 型”福特（T-Model Ford）就像我儿时看到的吉他手，坐在门廊上静静地弹唱，一直唱到太阳躲到金色的玉

1　Fat Possum Records，密西西比牛津市的独立厂牌，早期致力于在北密西西比地区发掘民间布鲁斯音乐家，为他们录制专辑。

米地和白色的棉花田后面。

如果你想理解男人之间的友谊，可以听听我和小威尔斯合作的最后一张专辑。1998 年，小威尔斯过世，同年，银声唱片推出了这张《最后一次——传奇俱乐部现场》（*Last Time Around—Live at Legends*）。

录这张专辑前，我有六七年没和小威尔斯合奏了。曾经的不愉快已成往事。我有我的问题，他也有他的问题。我们之间有布鲁斯的血脉相连。过去的问题不再重要，我们奏在当下。录音当晚，我和小威尔斯又爱上了对方。

那一晚是赤裸的。那一晚的音乐也是赤裸的。只有我的木吉他和小威尔斯的口琴，我的歌声和他的歌声。我最爱的一部分是我们再度奏起了《胡毒男人布鲁斯》，这首让世界看到我们是一个整体的歌。

你也许觉得我在吹牛，但我真的认为巴迪·盖伊/小威尔斯这个组合将载入布鲁斯史册。我们唤出了对方心底的忧伤。听着他伴着我的吉他演唱，我的眼泪会止不住地滚落下来。

小威尔斯葬礼那天，我的眼泪止不住地滚落下来。他和马迪一样得了癌症。目送他入土为安时，我看到了他的某个女人。我认为躺在棺材里的应该是她而不是他，但我什么都没说。我想着他杰出的一面。这个伟大的男人留下了一笔宝贵的音乐财富。无所谓对错，他谱写了自己的布鲁斯人生。我的兄弟，你就是布鲁斯。

三年后的 2001 年，我的另一位“爸爸”去世了。我说的是伟大的约翰·李·胡克。他的《布基儿童》让少时的我爱上布鲁斯，而长大后我们竟然成了好友，这真是我生命中的奇迹。每次想到约翰·李和他的步态，我都会忍俊不禁。在我眼中，约翰·李·胡克是酋长，是上师，是圣灵。

1973 年，马文·盖伊[1]推出了录音室专辑《让我们做爱吧》(*Let's Get It On*)。我爱这张专辑，不过话说回来，他的每一张专辑都是我的大爱。这张碟的最后一首歌叫《就让你满足》(Just to Keep You Satisfied)。他对他的女人唱道："我忍受着你的醋意和牢骚，但一跟你上床就忘得精光。"他跟妻子摊牌说分手时难受极了，觉得不能给她她想要的东西。他不停地说爱到尽头覆水难收。嗯，我感同身受。

跟我的发妻琼和第二任妻子詹妮弗摊牌说分手时，我也难受极了。我想挽救我们的婚姻，然而却徒劳无功。我想跟她们白头偕老的。我喜欢平平淡淡，不喜欢跌宕起伏，不喜欢吵架，不愿看到眼泪，不愿为分手伤脑筋。然而我最终还是要为分手伤脑筋。

孩子们遭受了痛苦，一来因为父母婚姻破裂，二来我还经常上路巡演。现在他们长大了，给我添了一群可爱的孙子孙女。我尽可能多地陪伴他们，努力弥补失去的时光。我和他们侃大山，为他们做晚餐。他们知道老人会做菜。

---

1 Marvin Gaye（1939—1984），美国摩城唱片传奇歌手、词曲作者。作为"摩城之声"的重要塑造者，盖伊对许多灵魂乐歌手都有巨大影响。1984 年 4 月 1 日，盖伊因与其父在家中发生争执而被父亲枪杀，而第二天就是他 45 岁生日。

2008年，我失去了我亲爱的弟弟菲尔。多年以来，他一直是我的乐队成员和最好的朋友。我每天都想念他。

最近我在和比比·金同台献演。这是一种荣幸。我们聊到了当年摘棉花、耕地的日子。他在我身边让我激动地想要大叫。比比参与了我上张专辑《生存证明》(*Living Proof*)的录制，与我一起演绎了里面的《多待一会儿》(Stay Around A Little Longer)。我们抚琴对唱。

这张专辑里有首歌叫《74岁的年轻人》(74 Years Young)。我现年75岁，身体健康，身板硬朗，手指灵活，嗓子不老。我的乐迷不但没有离开我，还回馈给我许多爱。

人生至此，还有什么要追求的呢?

绿色无污染的豆子、玉米、水果，新鲜的鱼肉和猪肉，没有注射过生长激素的鸡肉。

我在超市里来回寻找的是不含农药的食物，让我想到爸爸妈妈和他们的养育之恩的食物。我不是说我想长生不老。好的食物就像好的布鲁斯，能让生活更美好。它们来自大地与自然，滋养着、满足着你对真实的渴求。

嘿，你们好，该和你们道别了。

最后，我邀请你们来我的布鲁斯俱乐部“巴迪·盖伊的传奇”做客。

你在我的俱乐部里听布鲁斯时，可能不会注意到我也坐在里面。这挺好，我乐于和大家一起享受布鲁斯。

不过如果这天晚上我的周边物品卖得一般，我会上台唱首歌，让大家知道我也在场，会给大家签我的 T 恤、CD 和波点吉他[1]。我不介意招揽生意。

我也不介意再次回首这趟漫长的旅途。1957 年 9 月 25 日这天，我登上了一班从路易斯安那驶往伊利诺伊的列车，之后在芝加哥找到了一种布鲁斯。和我一样，这种布鲁斯也是离家的游子。他四处漂泊，抵达了世界的每个角落。

我相信布鲁斯不管漂泊到哪里，都能把生活变得更美好。我告诉你们这是为什么：即便在布鲁斯悲伤的时候，他也能把你的悲伤变成欢乐。这难道不是件美妙的事儿吗？

1　芬达乐器公司推出的 Buddy Guy 限量签名款电吉他，是 Buddy Guy 的标志性吉他。

WHEN I LEFT HOME: My Story
by Buddy Guy with David Ritz

Published by arrangement with Da Capo Press, a member of Perseus Books LLC
through Bardon-Chinese Media Agency

图书在版编目（CIP）数据

布鲁斯往事：巴迪·盖伊自传 /（美）盖伊，（美）瑞兹著；陈震译．—北京：中国人民大学出版社，2015.6

ISBN 978-7-300-21534-1

Ⅰ.①布… Ⅱ.①盖… ②瑞… ③陈… Ⅲ.①盖伊-自传 Ⅳ.①K837.125.76

中国版本图书馆 CIP 数据核字（2015）第 144982 号

歌者传记

布鲁斯往事：巴迪·盖伊自传

巴迪·盖伊（Buddy Guy）
大卫·瑞兹（David Ritz） 著

陈 震 译

Bulusi Wangshi：Badi·Gaiyi Zizhuan

出版发行	中国人民大学出版社		
社　　址	北京中关村大街 31 号	**邮政编码**	100080
电　　话	010－62511242（总编室）		010－62511770（质管部）
	010－82501766（邮购部）		010－62514148（门市部）
	010－62515195（发行公司）		010－62515275（盗版举报）
网　　址	http://www.crup.com.cn		
	http://www.ttrnet.com(人大教研网)		
经　　销	新华书店		
印　　刷	北京联兴盛业印刷股份有限公司		
规　　格	160 mm×235 mm　16 开本	**版　　次**	2015 年 9 月第 1 版
印　　张	16.75 插页 2	**印　　次**	2015 年 9 月第 1 次印刷
字　　数	180 000	**定　　价**	49.00 元